高等院校经管类"十三五"规划教材

计量经济学实验与案例分析
Experiment and Case Analysis of Econometrics

刘玉成◎编著

华中科技大学出版社
http://www.hustp.com
中国·武汉

内 容 简 介

本书是针对高校计量经济学理论教学要求,总结著者多年的教学经验,结合经管领域中的实际问题编写而成。全书围绕计量经济学模型来讲建模思路、模型的估计、模型的检验,并提供相关的实验教程与案例分析。本书每章先讲授理论知识及对应的 EViews 软件操作方法,再安排 2~4 个实验教程,最后提供 1~2 个综合案例分析,使读者能在分析和解决实际问题的过程中理解计量经济学理论知识。

本书可用作计量经济学实验教材,供经济、管理、金融、应用数学等专业本(专)科学生及硕士研究生学习和参考,也可供计量经济学专业教师参考。

图书在版编目(CIP)数据

计量经济学实验与案例分析/刘玉成编著. —武汉:华中科技大学出版社,2017.8(2021.7 重印)
ISBN 978-7-5680-3162-2

Ⅰ.①计… Ⅱ.①刘… Ⅲ.①计量经济学-实验-高等学校-教材 Ⅳ.①F224.0-33

中国版本图书馆 CIP 数据核字(2017)第 171032 号

计量经济学实验与案例分析 刘玉成 编著
Jiliang Jingjixue Shiyan yu Anli Fenxi

策划编辑:	袁　冲
责任编辑:	刘　静
封面设计:	孢　子
责任监印:	朱　玢

出版发行:华中科技大学出版社(中国·武汉)　　电话:(027)81321913
　　　　　武汉市东湖新技术开发区华工科技园　　邮编:430223
录　　排:华中科技大学惠友文印中心
印　　刷:武汉市洪林印务有限公司
开　　本:710mm×1000mm　1/16
印　　张:11.75
字　　数:235 千字
版　　次:2021 年 7 月第 1 版第 3 次印刷
定　　价:28.00 元

本书若有印装质量问题,请向出版社营销中心调换
全国免费服务热线:400-6679-118　竭诚为您服务
版权所有　侵权必究

作 者 简 介

刘玉成,男,湖北荆门人,长江大学经济学院副教授、经济与金融系主任,武汉大学数量经济学专业博士。现为长江经济带发展研究院研究员、长江大学湖北农村发展研究中心研究员,主要从事数量经济学、劳动经济学、产业经济学研究,近年来发表经济学、应用数学等方向论文30余篇,出版专著《最低工资制度与中国就业性别差异》,参编著作多部。共主持、参与省部以上级项目十余项。目前主要讲授计量经济学、西方经济学、博弈论、劳动经济学等课程。

前言
PREFACE

近年来经济学、金融学、管理学等学科越来越依赖于模型的分析和数据的研究，计量经济学作为一门以经济学、统计学、数学和计算机科学为基础发展起来的学科，正好契合了这种需求，目前各院校经济学、金融学等专业普遍开设了"计量经济学"这门课程。但是学习"计量经济学"需要有较好的数学基础，特别是概率统计方面的知识基础，在理论教学环节，经济学类专业学生在理解上存在一定困难，因此普遍产生畏难情绪，这让教学效果大打折扣，同时学生对该课程知识的运用也感到无从下手。通过对《计量经济学实验与案例分析》这本书的学习，学生可以掌握EViews软件的常用操作，并加强对计量经济学理论知识的理解和有关结论的验证，从而能运用经济数据建立计量模型，有助于学生自主开展科学研究，提高分析问题、解决问题的能力，这正契合了应用型人才培养的需要。

本书是根据本科院校经济类专业计量经济学教学的实际需要，在总结该门课程多年教学经验、吸取广大师生意见的基础上编写而成的。学生在阅读本书时，既可以验证相关的经济理论和模型结果，又可以利用数据集进行实际操作，避免了计量经济学教学过程中理论与实际脱节的状况。

在多年的学习过程中，笔者深深体会到计量经济学这门课程的博大精深、魅力无穷；在多年对经济类学生的教学过程中，又深感这门课程的学之不易、教之不易。计量经济学是一门应用性很强的课程，需要以经济学理论为基础，辅之以数学、统计学、计算机等学科的知识与工具，对实际经济问题通过建模转化为数量关系研究。这对于经济类学生来说，困难是不言而喻的，据说这门课程常常被经济类专业的学生戏称为"N大名补"之一，可见补考学生数量之名。在教学过程中，每每看到学生早早赶到教室抢占前排座位、一丝不苟地做笔记、洗耳恭听老师的每一句话、老师提问时表现得忐忑不安、考试前一遍一遍地背公式，笔者深深体会到学生对这门课程的恐惧心理。笔者常常思考，怎样才能让学生稍稍愉快地面对这门课程呢？

本书是在笔者多年积累的教学讲义的基础上编写而成的，也是笔者开启愉快教学的一种尝试。在本书中笔者先简要介绍了基本原理和思路，而不介绍其数学推导和证明，希望学生在熟悉基本理论框架的前提下进行实际操作。当然，对于计量经济学理论的学习，笔者认为非常重要，也非常必要。常常听人说，某某计量经济学理论一窍不通，却能做出非常漂亮的计量实证、写出若干篇华丽的实证研究论文。笔者认为这只是极端案例,并不具有代表性,脚踏实地地学习计量经济学理论有助于我们正确选择研究方法和研究工具。只是从本书的安排体例来说,笔者认为计量经济学理论的系统介绍应该被放在理论教学中。

本书的主要特色在于实验教程的安排和综合案例的分析。全书共分为六章,每章的结构安排为:简要介绍理论基础和原理—给出对应的 EViews 软件操作方法—安排 2~4 个实验教程—提供 1~2 个综合案例分析。这样的安排,使学生在实践环节教学中,先快速回顾理论教学环节中学习到的基础理论和计量原理,再熟悉对应的计量操作,然后在实验教程中验证和练习较为重要的软件操作,最后在综合案例分析中分析和解决实际问题,综合应用多种计量操作。在计量经济学实践课时有限的情况下,这样就避免了学生陷入冗长的理论学习和系统的软件操作学习中。通过实验教程和综合案例分析的学习,也可以使学生在有限的学习时限中,既了解计量建模、处理、检验的原理,又学习和体验了相关的软件操作,同时还可以尝试用计量方法处理一些并不复杂的实际经济问题,为今后的计量实证研究和学习打下基础。

为了便于教学和自学,本书在编写过程中准备了相关的辅助材料,包括教学用 PPT、数据集、EViews 操作文件等。读者可以通过与作者联系以获取相关辅助材料(E-mail:770533213@qq.com)。

本书是长江大学第六批教材建设立项(2015)的成果,得到了长江大学和华中科技大学出版社的鼎力支持。在编写过程中,华中科技大学出版社袁冲先生对本书书名的最终确定给出了很好的建议。本书也吸取了长江大学姜学勤、常春华等计量经济学任课教师的教学经验和编写建议,参考和吸收了国内外多部教材和专著的精彩内容。另外,本书讲义在长江大学经济学院经济学、金融学、国际经济与贸易、农林经济管理等本科专业以及产业经济学、农业经济管理等硕士研究生专业,荆楚理工学院应用数学等本科专业进行过多年的试用,涉及学生近 2 000 人,在试用过程中得到了很多有益的建议。在此一并致谢!

本书可供经济、管理、金融、应用数学等专业本(专)科学生及硕士研究生学习和参考,也可供经济类专业教师作为教学和研究参考书。

由于作者水平有限,书中错误与疏漏之处在所难免,敬请广大专家、读者批评指正!

刘玉成

2017 年 5 月于长江大学经济学院

教 学 建 议

全书共包括 8 章,实验、案例、例题安排见下表。建议在 12～16 学时内完成实验教学,根据教学学时安排,可以将部分实验作为选做实验。表中标 * 的可以作为选做实验,由学生作为自学和提高之用。本书可以提供例题所用数据,由学生对例题中的结论和步骤进行验证性试验。案例分析部分主要供学生自学之用,当然也可以作为验证性试验。

建议学时	实验安排	综合案例安排	例题安排
第 1 章 (4 学时)	实验 1:EViews 软件的认识 实验 2:EViews 软件的基本操作 实验 3:EViews 软件作图	案例 1:某国家月度宏观经济数据分析 案例 2:美国全职工人收入分析	
第 2 章 (2 学时)	实验 1:一元线性回归模型的估计、显著性检验和预测 *实验 2:一元线性回归模型统计量的计算	案例:收入与年龄的关系	
第 3 章 (3 学时)	*实验 1:多元线性回归重要指标的计算 实验 2:多元线性回归模型的估计、检验和残差分析	案例 1:课程评价与教授容貌的关系 案例 2:教育时间与上学距离的关系	
第 4 章 (1 学时)	实验:异方差检验与稳健估计	案例:一年教育的经济价值:同方差还是异方差?	

续表

建议学时	实验安排	综合案例安排	例题安排
第5章 (1学时)	实验:多重共线性问题		例5.1:利用逐步增加变量观察法检验多重共线性问题 例5.2:利用相关系数加辅助回归法检验多重共线性问题 例5.3:利用逐步回归法处理多重共线性问题
第6章 (1学时)	实验:序列相关性问题		例6.1:序列相关DW检验应用 例6.2:序列相关LM检验应用 例6.3:C-O迭代法应用
第7章 (2学时)	实验1:多项式模型 实验2:对数模型与交互变量模型 *实验3:Probit模型	案例:贸易份额变化对经济增长率的影响	例7.1:Probit模型和Logit模型应用
第8章 (2学时)	实验1:时间序列基础 实验2:AR模型		例8.1:变量的ADF检验 例8.2:格兰杰因果关系检验 例8.3:利用相关函数法确定AR模型滞后阶数 例8.4:利用信息准则确定AR模型滞后阶数 例8.5:AR模型应用 例8.6:Box-Jenkins方法应用 例8.7:ARCH模型应用 例8.8:GARCH模型应用 例8.9:ECM应用

目录
CONTENTS

第1章 EViews软件基本操作 ·· 1
1.1 EViews软件的启动与退出 ·· 2
   1.1.1 EViews软件的启动 ·· 2
   1.1.2 EViews软件的退出 ·· 2
1.2 EViews软件的基本认识 ·· 3
1.3 EViews软件的基础操作 ·· 4
   1.3.1 建立新工作文件 ·· 5
   1.3.2 数据的输入 ··· 7
1.4 基于Workfile的基本操作 ·· 9
   1.4.1 数据操作 ·· 9
   1.4.2 序列操作 ·· 10
   1.4.3 数组操作 ·· 11
1.5 实验教程 ·· 14
   实验1 EViews软件的认识 ·· 15
   实验2 EViews软件的基本操作 ·· 15
   实验3 EViews软件作图 ·· 16
1.6 综合案例分析 ··· 17
   案例1 某国家月度宏观经济数据分析 ································· 17
   案例2 美国全职工人收入分析 ·· 21

第2章 一元线性回归模型 ·· 27
2.1 数据的类型 ·· 28
2.2 一元线性回归:模型、估计和检验 ······································ 30
   2.2.1 变量之间的线性关系检验 ·· 30
   2.2.2 一元线性回归模型及普通最小二乘法(OLS)估计 ········· 32
2.3 一元线性回归估计的相关检验 ·· 36
   2.3.1 回归系数检验 ··· 36
   2.3.2 回归系数的置信区间 ·· 38
   2.3.3 回归残差的统计性质及检验 ······································ 38

2.4 一元线性回归模型的预测 ································· 40
   2.4.1 样本内预测 ···································· 40
   2.4.2 样本外预测 ···································· 41
2.5 实验教程 ··· 41
   实验1 一元线性回归模型的估计、显著性检验和预测 ····· 41
   实验2 一元线性回归模型统计量的计算 ················· 43
2.6 综合案例分析 ··· 44
   案例 收入与年龄的关系 ······························ 44

第3章 多元线性回归模型 ······································· 49
3.1 多元线性回归模型及OLS估计 ···························· 50
3.2 多元线性回归模型系数的联合检验 ······················· 50
   3.2.1 同方差假设下的联合检验 ······················· 51
   3.2.2 异方差假设下的联合检验 ······················· 52
3.3 多元线性回归模型多系数的单约束检验 ··················· 53
3.4 遗漏变量及遗漏变量偏差 ······························· 54
3.5 实验教程 ··· 55
   实验1 多元线性回归重要指标的计算 ··················· 55
   实验2 多元线性回归模型的估计、检验和残差分析 ······· 56
3.6 综合案例分析 ··· 57
   案例1 课程评价与教授容貌的关系 ····················· 57
   案例2 教育时间与上学距离的关系 ····················· 62

第4章 异方差检验及处理 ······································· 67
4.1 异方差的检验方法 ····································· 68
   4.1.1 怀特异方差检验 ······························· 68
   4.1.2 BP异方差检验 ································· 71
4.2 异方差问题的处理 ····································· 72
   4.2.1 异方差稳健估计 ······························· 73
   4.2.2 广义(加权)最小二乘法 ························ 75
   4.2.3 广义(加权)最小二乘法在EViews中的实现 ········ 77
4.3 实验教程 ··· 81
   实验 异方差检验与稳健估计 ·························· 81
4.4 综合案例分析 ··· 82
   案例 一年教育的经济价值:同方差还是异方差? ·········· 82

第5章 多重共线性检验及处理 ··································· 87
5.1 多重共线性的检验方法 ································· 88

  5.1.1 逐步增加变量观察法 ·· 88
  5.1.2 相关系数加辅助回归法 ·· 89
 5.2 多重共线性的处理 ·· 91
 5.3 实验教程 ·· 93
  实验 多重共线性问题 ·· 93

第6章 序列相关性检验及处理 ·· 95
 6.1 序列相关 DW 检验 ··· 96
  6.1.1 序列相关 DW 检验的原理及步骤 ································ 96
  6.1.2 序列相关 DW 检验在 EViews 中的实现 ····················· 97
 6.2 序列相关 LM 检验 ··· 98
  6.2.1 序列相关 LM 检验的原理及步骤 ································ 98
  6.2.2 序列相关 LM 检验在 EViews 中的实现 ····················· 99
 6.3 序列相关性的处理 ··· 103
  6.3.1 广义差分法(δ 已知) ·· 103
  6.3.2 C-O 迭代法(δ 未知) ·· 104
 6.4 实验教程 ·· 105
  实验 序列相关性问题 ·· 105

第7章 非线性回归分析基础 ··· 107
 7.1 确定非线性回归基准模型的方法 ··· 108
 7.2 常见的非线性回归模型 ··· 110
  7.2.1 多项式模型 ·· 110
  7.2.2 对数模型 ·· 111
  7.2.3 交互变量模型 ·· 112
  7.2.4 Probit 模型和 Logit 模型 ··· 113
 7.3 实验教程 ·· 116
  实验1 多项式模型 ··· 117
  实验2 对数模型与交互变量模型 ·· 122
  实验3 Probit 模型 ··· 126
 7.4 综合案例分析 ·· 130
  案例 贸易份额变化对经济增长率的影响 ································· 130

第8章 时间序列分析基础 ··· 137
 8.1 时间序列基础 ·· 138
  8.1.1 时间序列的自相关性 ·· 138
  8.1.2 时间序列的滞后和差分变换 ···································· 138
 8.2 时间序列的平稳性及其检验 ··· 140

8.2.1 时间序列的平稳性 …………………………………………… 140
8.2.2 时间序列的平稳性检验 ……………………………………… 140
8.3 格兰杰因果关系检验 ………………………………………………… 146
8.3.1 格兰杰因果关系检验原理 …………………………………… 146
8.3.2 格兰杰因果关系检验的软件操作 …………………………… 147
8.4 协整关系检验 ………………………………………………………… 148
8.5 时间序列模型基础 …………………………………………………… 149
8.5.1 AR 模型 ……………………………………………………… 149
8.5.2 MA 模型与 ARIMA 模型 …………………………………… 156
8.5.3 ADL 模型 …………………………………………………… 159
8.5.4 ARCH 模型与 GARCH 模型 ……………………………… 160
8.5.4 误差修正模型 ………………………………………………… 168
8.6 实验教程 ……………………………………………………………… 172
实验 1 时间序列基础 ……………………………………………… 172
实验 2 AR 模型 …………………………………………………… 173
参考文献 ………………………………………………………………… 175

第1章
EViews软件基本操作

目前，能应用于计量经济学实验的软件较多，比如 EViews、Stata、SPSS、MATLAB、SAS 等，这些软件各有优缺点，单就完成本科阶段计量经济学实验来说，选择一种软件稍加学习就可达到目标。但是从专业发展和知识拓展来说，有必要多学习几种软件，充分利用软件各自的优点来达到自己的目标，比如 EViews 具有较好的截面操作性，Stata 在编程方面比较方便，MATLAB 具有强大的数据处理能力等。

EViews 能为我们提供基于 WINDOWS 平台的复杂的数据分析、回归及预测工具，通过 EViews 能够快速从数据中得到统计关系，并根据这些统计关系进行预测。EViews 在系统数据分析和评价、金融分析、宏观经济预测和模拟、销售预测及成本分析等领域中有着广泛的应用。

EViews 全称为 econometrics views，是在大型计算机的 TSP（time series processor）软件包基础上发展起来的新版本，是一组处理时间序列数据的有效工具，1981 年 Micro TSP 面世，1994 年 QMS（Quantitative Micro Software）公司在 Micro TSP 基础上直接开发成功 EViews 并投入使用。虽然 EViews 是由经济学家开发的并大多在经济领域应用，但它的适用范围不应只局限于经济领域。本教材以 EViews8.0 版本为基础进行讲解。

1.1 EViews 软件的启动与退出

1.1.1 EViews 软件的启动

在 WINDOWS 状态下，启动 EViews 的方法有下列几种。

（1）单击桌面任务栏中的"开始"按钮，然后进入 EViews 程序组，再选择 EViews，双击即可打开。

（2）双击桌面上的 EViews 图标即可进入 EViews 软件应用界面。

（3）如果已经建有 EViews 工作文件（EViews Workfile）、数据集（Database）或程序文件（Program），则双击工作文件、数据集或程序文件即可进入 EViews 软件应用界面。

1.1.2 EViews 软件的退出

EViews 软件的退出有多种方法。

（1）可在主菜单上选择 File/Close、File/Exit 或按 ALT＋F4 键来关闭 EViews 窗口。软件会提示是否保存当前的工作文件。

（2）可单击 EViews 窗口右上角的关闭方块或工作文件窗口右上角的关闭方

块,或双击 EViews 窗口左上角的 EViews 符号选择 Close 来关闭窗口。软件会提示是否保存当前的工作文件。

(3) 单击 Eviews 的工作文件窗口(Workfile)左上角的控制菜单方块,然后选择 Close 来关闭窗口。软件会提示是否保存当前的工作文件。

1.2　EViews 软件的基本认识

打开 EViews 软件即可进入软件应用界面。EViews 窗口由五个部分组成:标题栏、主菜单、命令窗口、工作区、状态栏,如图 1.1 所示。

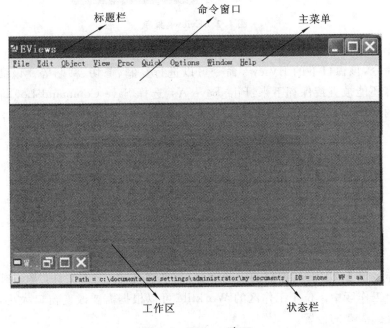

图 1.1　EViews 窗口

标题栏位于 EViews 窗口最上方,标题栏的颜色会随着操作变化而变化,例如运行主菜单上的命令时,标题栏的颜色会变成浅蓝色;命令运行完成后,标题栏的颜色会恢复为深蓝色。

主菜单位于标题栏下方,包括 File、Edit、Object、View、Proc、Quick、Options、Window、Help 菜单,其中 Help 菜单可以提供 EViews 中所需的大部分内容的帮助文件。单击这些主菜单,可以看到每个主菜单下面还包含若干下拉菜单。例如 File 菜单下包含有若干二级菜单：New、Open、Save、Save As、Close、Import、Export、Print、Print Setup、Run、Exit。这些二级菜单下还包含三级菜单,比如

New 菜单下包含 Workfile、Database、Program、Text File，如图 1.2 所示。

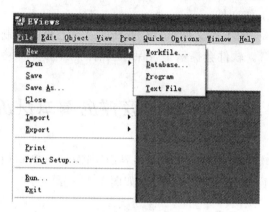

图 1.2　Eviews 菜单

命令窗口位于主菜单栏下方，在该窗口可以输入 EViews 命令，按"Enter"键即可执行命令，该窗口下的 EViews 命令可以进行复制、剪切、粘贴等。该命令窗口中的内容还能被直接保存下来：File/Save As，选择 Save Command Log 即可将命令窗口的 EViews 命令以文本的形式保存下来以备下次调用，如图 1.3 所示。

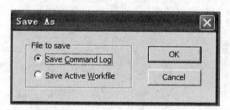

图 1.3　EViews 命令保存

工作区位于 EViews 窗口的中间部分，以灰色显示，工作文件（Workfile）将展示在这个工作区中。位于工作区的 Workfile 可以根据需要改变窗口大小，或通过鼠标拖曳到需要的位置。

状态栏位于窗口的最下方，从左至右包括状态信息、数据和程序路径、数据和工作文件名称。

1.3　EViews 软件的基础操作

EViews 软件的操作基础是数据，在数据读入软件之前，应对数据进行合理处理以符合 EViews 软件的操作需要，数据一般以 Excel 或 ASCII 格式保存，但实际使用中多使用 Excel 数据。

第 1 章　EViews 软件基本操作

1.3.1　建立新工作文件

EViews 软件的操作由建立新的工作文件开始:File/New/Workfile,出现对话框(见图 1.4 至图 1.6),软件默认对话框如图 1.5 所示。填写对话框步骤如下。

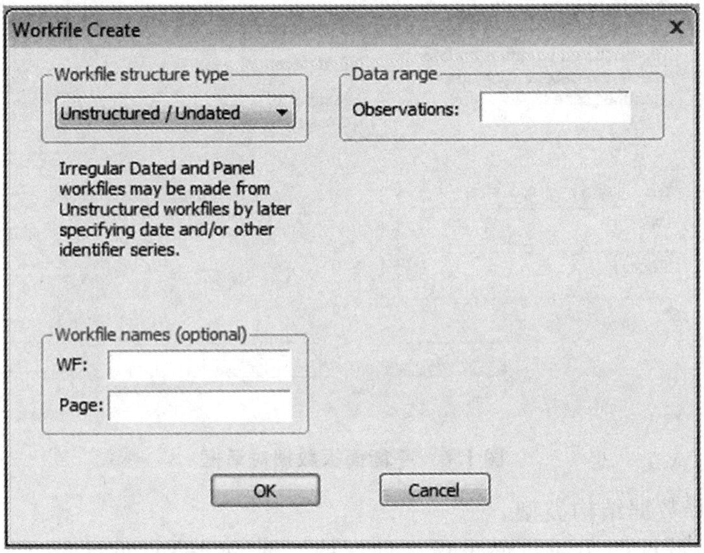

图 1.4　非结构/非时间数据对话框

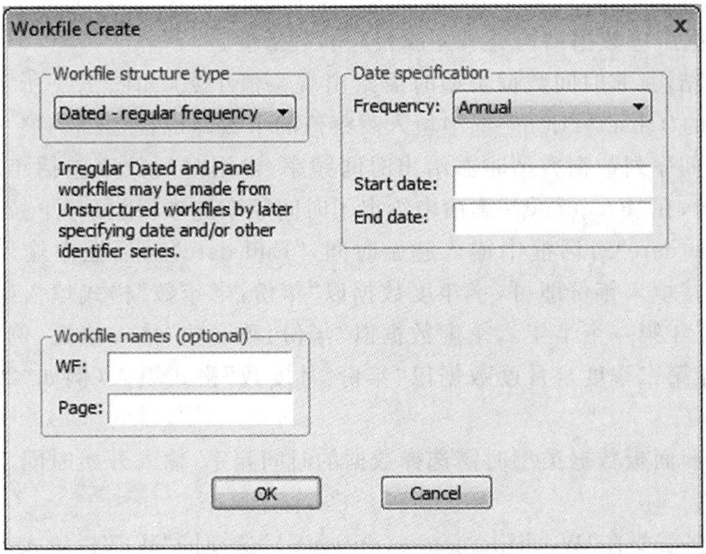

图 1.5　时间序列数据对话框

5

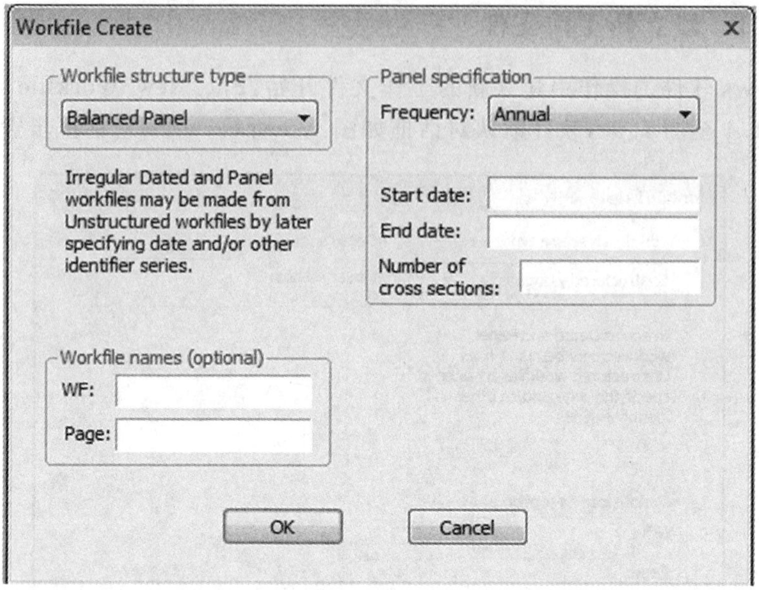

图 1.6　平衡面板数据对话框

（1）选择数据结构类型。

EViews 软件使用的数据包括 3 种结构类型：非结构/非时间（Unstructured/Undated）数据、时间序列（Dated-regular frequency）数据、平衡面板（Balanced panel）数据。

（2）根据所选数据结构类型完成相应的对话框。

选择非结构/非时间数据类型时需给出观察值个数，如图 1.4 所示。在"Data range"选项的"Observations"框中填入观察值的个数即可。

选择时间序列数据类型时需给出时间频率，常用时间频率包括年度、半年度、季度、月度等，在"Frequency"选项中给出了时间频率选项，用鼠标下拉选项选择即可。在"Start date"对话框中输入起始时间，"End date"对话框中输入终止时间。年度数据直接填入年份即可，半年度数据以"年份：半年数"格式填入（例如"2015：1"表示 2015 年第一个半年），季度数据以"年份：季度数"格式填入（例如"2015：2"表示 2015 年第二季度），月度数据以"年份：月度数"格式填入（例如"2015：3"表示 2015 年 3 月）。

选择平衡面板数据类型时需选择数据的时间频率，输入开始时间、结束时间以及截面个数。

（3）根据需要在"Workfile names（optional）"选项的"WF"栏填入工作文件名，"Page"栏中填入页码数。

1.3.2 数据的输入

数据的输入方式主要有 3 种,即键盘输入法、粘贴输入法和文件输入法,以下分别予以介绍。

(1) 键盘输入法。

在数据个数较少时可以用这种输入方式,但是数据较多时并不方便。在主菜单下,选择 Quick/Empty Group(Edit Series),打开一个空数据集,可以在这个空数据集中输入多个序列,软件默认方式是以列的形式输入。如图 1.7 所示,单击"Edit+/-",在编辑状态下,通过键盘逐个输入数据,并给定一个序列名(软件默认为 SER01,SER02,…)。也可以用以下方法更改序列名:①单击数据集中的序列名,比如图 1.7 中的 SER01,在命令栏中将 SER01 改为新序列名;②在工作文件中,用鼠标右键单击序列名,使用"Rename"命令修改序列名。

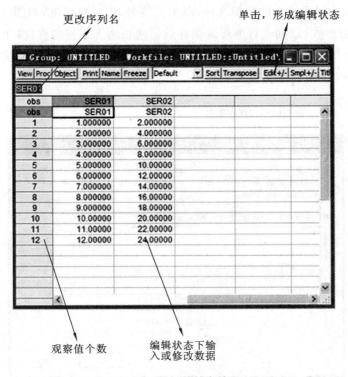

图 1.7 数据的键盘输入

(2) 粘贴输入法。

这种输入法在实际操作中经常使用到。先在 Excel 表格中清除数据格式,再把数据复制下来,然后在 EViews 软件中单击鼠标右键,通过"Paste"命令将复制的数据列直接粘贴到数据集中,此时要注意粘贴数据的时间区间要和数据集中的时间区间一致。

(3)文件输入法。

这种输入法更适合于较多的数据输入,可以一次读入多个序列的数据。此输入法可以使用 Excel 或纯文本形式的数据文件。

①Excel 形式的数据。所输入的数据应预先在 Excel 表格中编辑好,此时 Excel 表格的第 1 行和第 1 列应为空白,因为读入 EViews 软件时第 1 行和第 1 列被默认为序列名称和行名称。

②纯文本形式的数据。先在 Word 文档中编辑好数据,并以列的形式排列数列,然后保存为纯文本文件。

将数据读入 EViews 软件中的操作步骤为:单击主菜单中的命令 File/Import/Read Text-Lotus-Excel 或单击 Workfile 菜单中的命令 Procs/Import/Read Text-Lotus-Excel,找到要读入的数据文件,双击文件名,形成对话框,如图 1.8 所示。依次选择序列的形式(以列或行的形式保存数据列)、输入序列名称(多个序列名之间用空格隔开)、填入观察值个数(软件默认为建立工作文件时设置的观察值个数),然后单击"OK"即可将数据读入软件中。

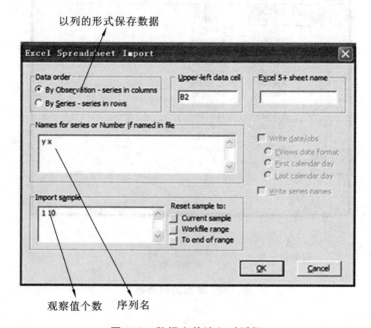

图 1.8 数据文件读入对话框

1.4 基于Workfile的基本操作

建立初始工作文件并输入数据后就形成可操作的Workfile，在EViews的工作区打开Workfile，显示工作文件窗口，如图1.9所示。

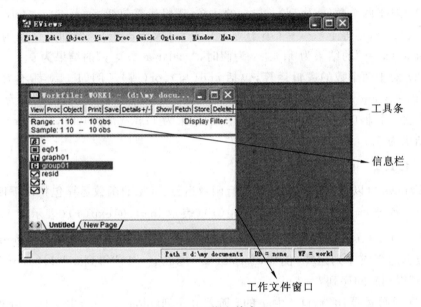

图1.9 工作文件窗口

工作文件窗口的最上端显示工作文件的名称和完整路径。下面是工具条，包括View，Proc，Object，Print，Save，Details＋/－，Show，Fetch，Store，Delete工具，工具条下面是两行信息栏，给出数据区间（Range）和样本区间（Sample）。工作文件窗口列出了所有的工作文件目录，不同类型的图标代表了不同类型的文件对象。工作文件中给出的c和resid分别表示系数向量和最近一次的回归残差。

1.4.1 数据操作

EViews软件提供了类似计算器的数据运算功能，基本运算包括数据运算和函数运算等。各种运算函数的用法可以单击软件的菜单"Help"进行查询。

1.4.1.1 数据运算

EViews的基本算术运算符包括＋（加）、－（减）、*（乘）、/（除）、^（幂）等，数据运算使用scalar命令，并将运算结果保存在工作文件中。例如"，scalar a＝4^3"，表示4的3次方，将产生一个数$a＝64$，a的值被保存在工作文件中；"scalar b＝4 *

3",表示 4 乘以 3,将得到 $b=12$。

EViews 的算术运算的先后顺序为:^、*、/、+、-,例如:"scalar $f=6+3-2$^$3/4$",将得到 $f=7$,实际上是计算了 $f=6+3-(2^3/4)$。实际操作中,为了方便观察或避免出错,也可以使用括号来改变运算的先后顺序。例如,上述计算可以表示成"scalar f=(6+3)-((2^3)/4)",这不会影响结果,但符合我们平时的计算习惯。

此外,EViews 软件中还提供了逻辑运算。

(1) 对于两个数(或序列)x 与 y 的比较,逻辑运算包括>(大于)、<(小于)、=(等于)、< >(不等于)、<=(小于等于)、>=(大于等于)。例如,$x>y$ 为真时,"scalar a=x>y"的结果为 1;$x>y$ 为假时,"scalar a=x>y"的结果为 0。

(2) 对于两个数的逻辑运算,包括 and(与)、or(或)。例如 x、y 都不为 0 时,"scalar a=x and y"的结果为 1;x、y 都为 0 时,"scalar a=x and y"的结果为 0。x、y 中任意一个非 0 时,"scalar a=x or y"的结果为 1;x、y 都为 0 时,"scalar a=x or y"的结果为 0。

1.4.1.2 函数运算

EViews 可以基于序列或数值进行函数运算,常见的函数运算包括以下四种。

(1) @abs(x)(表示 $|x|$)、@log(x)(表示 $\ln x$)、@exp(x)(表示 e^x)、@inv(x)(表示 $1/x$)、@sqrt(x)或@sqr(x)(表示 $\sqrt{x}$),可以分别使用 scalar、genr 命令进行数据运算或序列运算,例如,"scalar a=@abs(-1)"得到 $a=1$;"genr b=@abs(x)"得到新的序列 $b=|x|$。

(2) 差分运算,d(x,i)产生 x 的 i 阶差分序列,dlog(x,i)产生 x 的 i 阶对数差分序列,例如,genr y=d(x,2),得到 x 的 2 阶差分序列 y。

(3) @max(x)(最大值)、@min(x)(最小值)、@sum(x)(求和)、@var(x)(方差)、@cor(x,y)(相关系数)、@cov(x,y)(协方差)、@stdev(x)(标准差)、@sumsq(x)(平方和)、@sin(x)(正弦)、@cos(x)(余弦)、@tan(x)(正切)、@asin(x)(反正弦)、@acos(x)(反余弦)等。

(4) 其他运算,比如@r2(回归拟合优度)、@f(回归 F 统计值)、@tdist(x,d)(d 为自由度时,得到大于 x 的 t 统计量的概率),等等。

1.4.2 序列操作

基于已有序列建立新的序列可以使用 EViews 中的序列操作,其方式有以下三种。

(1) 在命令窗口输入命令 genr 或 series。例如,在命令窗口输入"genr z=x*y+1"或"series z=x*y+1",回车即可基于已有序列 x、y 建立新的序列 z,如图 1.10 所示。

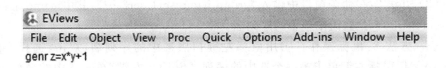

图 1.10 生成序列命令窗口

(2) 单击菜单命令 Quick/Generate series,在对话框中输入序列的表达式和样本空间即可,如图 1.11 所示。

(3) 单击工作文件工具条上的"Genr"按钮,在对话框中输入序列的表达式和样本空间即可(见图 1.11)。

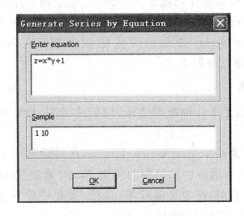

图 1.11 genr 命令对话框

例如,"genr y=2*x+1",得到新的序列 y,y 的第 i 个观测值 $y_i = 2x_i + 1$；"genr z=x*y+1",新的序列 z 的第 i 个观测值 $z_i = x_i \times y_i + 1$；"series z=x^y+1",新的序列 z 的第 i 个观测值 $z_i = x_i^{y_i} + 1$；"series m=x/y+z",新的序列 m 的第 i 个观测值 $m_i = x_i/y_i + z_i$。

1.4.3 数组操作

EViews 软件中的数组可以用表格、数据表和图等形式进行表达,在数组的基础上,EViews 软件可以进行作图、描述统计、统计量计算以及统计检验等操作。

基于已建立的序列,操作如下。

1.4.3.1 建立数组

常用方法如下。

(1) 方法 1:使用主菜单或 Workfile 中的 Object 命令。

Object/New Object/Group,在对话框中输入数组中包含的序列名(注意序列的顺序)。

（2）方法2：在命令窗口中输入"group name ser1 ser2 …"，其中name是数组名，ser1，ser2，…是数组中包含的序列名。

（3）方法3：鼠标操作。①用鼠标左键扫黑选中的序列名，双击，选择Open Group；②用鼠标左键单击第一个选中的序列，"Shift＋左键"单击选中的最后一个序列，双击，选择Open Group；③鼠标左键单击第一个选中的序列，"Ctrl＋左键"依次单击选中的序列，双击，选择Open Group。①、②两种方法下进入数组的序列是按照从前到后或从后到前的顺序依次排列，而方法③可以任意选择进入数组的序列顺序。在某些操作中，序列是有顺序要求的，比如散点图中位于横轴和纵轴的序列。

在已有数组中可以添加序列或去除序列：在数组窗口中使用鼠标右键单击序列名空白栏，使用Insert Series命令即可添加新的序列；鼠标右键单击需要去除的序列名，使用Remove Series命令即可去除该序列。在数组窗口中使用工具Transpose可以改变序列排列方式。

1.4.3.2 作图

EViews软件提供了十几种图形选择，包括曲线图、柱状图、散点图等，作图方法如下。

（1）方法1：在主菜单中使用Quick/Graph，在对话框中填入图中包含的序列名，单击"OK"按钮，在对话框中选择图的种类，单击"确定"按钮。

（2）方法2：打开数组，在主菜单或Workfile菜单中使用View/Graph，在对话框中选择图的种类，单击"确定"按钮。

图形窗口下，使用鼠标右键的Copy或主菜单的Edit/Copy命令可以将图复制到其他文档中，使用Print命令或Object/Print可以直接打印图形，或使用主菜单的File/Print Setup进行打印设置。使用Workfile菜单中的Name命令可以将数组以图的形式保存到Workfile中，也可以使用主菜单或Workfile菜单中的View/Spreadsheet将数组由图切换到表格形式。

EViews中的图可以进行编辑加工：使用Workfile菜单中的Freeze命令创建图形对象，在此基础上对图进行编辑加工。使用Freeze命令的目的是固化图形对象，防止当前的图形对象因其他操作而改变。创建的图形对象由许多基本元素组成，包括制图区、轴、图的说明、文本对象等。要编辑某个元素，可以双击该元素所在区域、使用鼠标右键的菜单或使用Workfile中的工具菜单，就会出现Graph Option对话框，在对话框的相应栏中进行修改即可。EViews对图可以进行各种修改，包括图的类型、大小、尺寸、图轴、图的说明、线型、图例、文本对象等。如图1.12所示，双击图中的X，就会出现图1.13中的对话框，单击Legend就可以将X修改成需要的名称，单击Line/Symbol就可以修改线和图例，等等。

修改后的图可以使用Workfile菜单中的Name命令保存到Workfile中，但此

第1章 EViews 软件基本操作

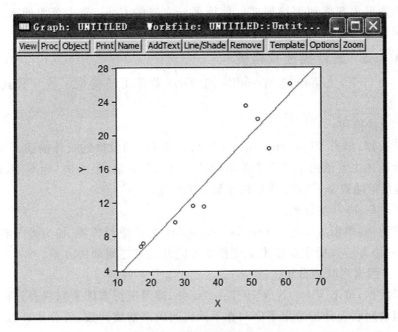

图 1.12 创建的图形对象

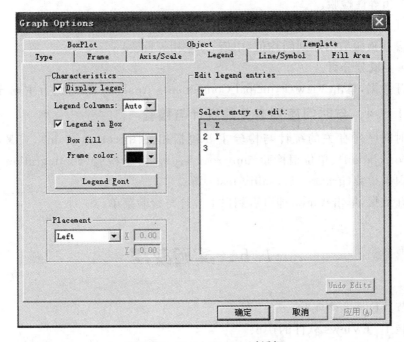

图 1.13 Graph Option 对话框

时不能由图形再变换到表格形式。使用鼠标右键的 Copy 或主菜单的 Edit/Copy 命令也可以将图复制到其他文档中。

1.4.3.3 统计描述及检验

数组窗口下，主菜单或 Workfile 的 View 菜单下还提供了统计描述及多种检验。

（1）统计描述。

打开数据，单击 View/Descriptive Stats，即可得到数据的统计描述。

统计描述主要给出了单个变量的均值、中值、最大值、最小值、标准差、偏度、峰度、JB 值及伴随概率、总和、平方和等基本统计量。

（2）方差、协方差分析。

打开数据，单击 View/Covariance Analysis，即可进行方差、协方差分析。

方差、协方差分析主要给出了变量的方差及变量之间的协方差。

（3）多因素列联表分析。

打开数据，单击 View/N-Way Tabulation，即可进行多因素列联表分析。

多因素列联表分析给出了序列在不同区间内观察值计数、百分比计数、累计计数、累计百分比计数以及 Pearson 系数、似然比等。

（4）相等性检验。

打开数据，单击 View/Tests of Equality，即可进行相等性检验。

相等性检验给出序列间均值、中值、方差相等检验。

（5）主成分分析。

打开数据，单击 View/Principal Components Analysis，即可进行主成分分析。

1.4.3.4 与时间序列有关的统计与检验

与时间序列有关的统计与检验主要包括相关图（correlogram）、交叉相关性（cross correlation）、单位根检验（unit root tests）、协整检验（cointegration tests）、格兰杰因果检验（granger causality tests）等。

打开数据，单击 View，即可看到以上统计与检验菜单。

1.5 实验教程

本节共包括 3 个实验：

实验 1　EViews 软件的认识。

实验 2　EViews 软件的基本操作。

实验 3　EViews 软件作图。

实验 1 EViews 软件的认识

实验目的:了解 EViews 软件的基本知识和常用菜单,为后续实验打下基础。
实验仪器、工具、材料:计算机、EViews 软件(3.0 及以上版本)、数据集。
实验学时:1 学时。
实验内容及步骤如下。
(1) 启动 EViews 软件,创建 Workfile。
操作步骤如下:

双击桌面的 EViews 图标打开软件(或从"开始/程序/EViews 软件"路径打开 EViews 软件)→单击 File/New/Workfile,创建新的 Workfile,在"Workfile structure type"选项中选择"Unstructured/Undated",在"Data range"中填入 "Observations"对应的观察值个数(说明:观察值个数可以根据事先准备的数据集中的数据个数选填;若事先没有准备数据集,可以填入较小的数字(比如 10),以缩短创建数据集的时间)。在"Workfile names(Optional)"的"WF"选项中填入 Workfile 的名称,"Page"选项中填入页码(本项可以忽略)。

按照上述步骤,在"Workfile structure type"中选择"Dated-regular frequency",在"frequency"中分别选取"Annual""Semi-annual""Quarterly" "Monthly"进行实验。

(2) 熟悉 EViews 软件。
认识 EViews 软件窗口,包括标题栏、主菜单、命令窗口、状态栏、工作区。
熟悉主菜单及次级菜单。
熟悉命令窗口,在命令窗口输入简单的命令。利用 scalar 命令计算:$a_1=5^{50}$,$a_2=\sqrt{2}$,$a_3=50\sqrt{5}+\ln 9-e^2$。

(3) 认识 Workfile。
认识 Workfile 窗口及基本要素。
熟悉工具条。
了解工作文件中 c 和 resid 的意义。

实验 2 EViews 软件的基本操作

实验目的:熟悉 EViews 软件的基本操作及命令。
实验仪器、工具、材料:计算机、EViews 软件(3.0 及以上版本)、数据集。
实验学时:1 学时。
实验内容及步骤如下。
(1) 创建 Excel 数据集。
利用事先准备的数据集创建一个 Excel 数据集或文本形式的数据集(包括变

量 x、y,观测值都大于 0,样本数不少于 15 个)。

(2) 创建 Workfile。

建立一个新的 EViews 工作文件,在"Workfile structure type"中选择"Unstructured/Undated",练习运用多种方法将数据 x、y 输入 EViews 软件。

(3) 数据操作。

①逻辑运算。运用 scalar 命令计算"$x>y$""$x<y$""$x><y$""$x>=y$"的逻辑运算结果并理解其意义;计算"1 and 2""1 and 0""1 or 2""1 or 0"的逻辑运算结果并理解其意义。

②函数运算。利用 genr 或 series 命令以及函数 @abs(x)、@log(x)、@exp(x)、@inv(x)、@sqrt(x)或 @sqr(x)创建新的序列:$|x|$、$\ln x$、e^x、$1/x$、$\sqrt{x}$。

③利用 scalar 命令以及函数 @max(x)、@min(x)、@sum(x)、@var(x)求序列 x 的最大值、最小值、总和、方差。

④利用 scalar 命令以及函数 @cor(x,y)、@cov(x,y)求序列 x、y 的相关系数、协方差。

(4) 序列操作。

利用 genr 或 series 命令,在序列 x、y 的基础上创建新的序列:$2x+y+1$,$xy+x^2$,$x/y-e^x$。

(5) 数组操作。

利用序列 x、y 建立数组 group1,在 group1 中添加序列 $2x+y+1$,形成新的数组 group2。

在 group1 窗口下进行描述统计、协方差分析、相等性检验等实验。

实验 3 EViews 软件作图

实验目的:能熟练利用 EViews 软件作图并能对图进行编辑加工,为今后利用计量方法进行研究打下基础。

实验仪器、工具、材料:计算机、EViews 软件(3.0 及以上版本)、数据集。

实验学时:1 学时。

实验内容及步骤如下。

(1) 创建 Excel 数据集。

利用事先准备的数据集创建一个 Excel 数据集或文本形式的数据集(包括变量 x、y,观测值都大于 0,样本数不少于 15)。

(2) 创建 Workfile。

将数据 x、y 输入 EViews 软件。

(3) 作出两个散点图。

①以 y 为纵坐标,x 为横坐标,不包含回归线,命名为 group1,保存到

Workfile 中。

②以 y 为纵坐标，x 为横坐标，包含回归线，Freeze 后命名为 graph1 并保存到 Workfile 中。

(4) 对 graph1 进行编辑。

①将纵坐标 y 改为 yy，横坐标改为 xx。

②将回归线颜色改为黑色，将坐标系中的点改成其他类型，颜色改为黑色。

③添加文本说明，对纵坐标 yy 和 xx 添加"(％)"(％为单位)。将编辑后的图复制、粘贴到 Word 文档中。

(5) 作出 x、y 的曲线图。

①将 x、y 的曲线图作在一个坐标系中，并在图上添加图题"x 与 y 的对比图"。

②分别作出 x、y 的曲线图。将两个图分别复制、粘贴到 Word 文档中。

(6) 创建两个新的序列。

利用已有序列创建新序列 $x_1 = \ln(x)$、$y_1 = \ln(y)$，作出柱、线混合图(提示：利用菜单命令 View/Graph/Mixed with lines)。将作出的图复制并粘贴在 Word 文档中。

1.6 综合案例分析

案例 1 某国家月度宏观经济数据分析

表 1.1 所示为某国家 1959 年 1 月—1996 年 4 月的月度宏观经济数据，共 448 个观察值，其中 IP 为工业生产指数，M2 为广义货币，PW 为商品生产者价格指数，R 为三个月国债利率。利用数据完成以下练习。

表 1.1 某国家 1959 年 1 月有—1996 年 4 月的月度宏观经济数据

时间	IP	M2	PW	R
1959.1	36	286.7	31.7	2.837
1959.2	36.7	287.7	31.7	2.712
⋮	⋮	⋮	⋮	⋮
1996.3	123.4	3724.4	126.4	4.96
1996.4	124.5	3728	127.5	4.99

数据来源：S. 平狄克，L. 鲁宾费尔德. 钱小军，译. 计量经济模型与经济预测[M]. 北京：机械工业出版社，1999.

(1) 将表中数据导入 EViews 软件；

(2) 将 IP、M2、PW 和 R 以组的形式打开为数据表格;

(3) 在同一坐标系内分别单个画出 IP、PW 和 R 的线图(Line & Symbol);

(4) 生成新变量广义货币增长率 $GM2 = [M2 - M2(-1)]/M2(-1)$;

(5) 在同一坐标系内画出 IP 和 PW 的线图和区域带状图;

(6) 以 IP 为横轴,PW 为纵轴画出 XY-Line 线图;

(7) 用函数@trend 生成序列 No,取值为 1,2,3,…。

案例分析:

本案例中的数据为时间序列数据,时间跨度为 1959 年 1 月—1996 年 4 月,共 448 个样本数据。要用 EViews 软件来分析这些数据,首先应该建立新的 EViews 工作文件(Workfile),数据结构应该选择时间序列(Dated-regular frequency)数据,时间频率应该选择月度(Monthly),起始时间应该填 1959:1(表示 1959 年 1 月),结束时间应该填 1996:4(表示 1996 年 4 月)。

(1) 将原始数据按列录入 Excel 表格中,清除数据的格式。部分数据如表 1.2 所示。

表 1.2 录入 Excel 表格的数据

	A	B	C	D
1	IP	M2	PW	R
2	36	286.7	31.7	2.837
3	36.7	287.7	31.7	2.712
4	37.2	289.2	31.7	2.852
5	38	290.1	31.8	2.96
6	38.6	292.2	31.8	2.851
7	38.6	294.1	31.7	3.247
8	37.7	295.2	31.7	3.243
9	36.4	296.4	31.6	3.358
10	36.4	296.7	31.7	3.998

由于本案例数据较多,因此用键盘输入数据不现实,但可以采用复制粘贴、文件读入的方法将数据导入 EViews 软件。按照以上 Excel 表格中变量顺序,用鼠标左键单击 IP 序列的第一个数据,再用"Shift+左键"单击 R 序列的最后一个数据就选定了 IP、M2、PW、R 这四个变量的所有数据,用鼠标右键选择复制,在 EViews 中的主菜单中选择 Quick/Empty Group(Edit Series),将复制的数据粘贴到数据集中。关闭数据集,在 Workfile 中将序列 ser01、ser02、ser03、ser04 分别改名为 IP、M2、PW、R 即可。

用文件读入的方法将数据导入也很方便,但是要对 Excel 表格进行适当处理,以符合 EViews 软件的格式要求。在以上 Excel 表格的 A 列左边插入一个空列,保存后关闭。单击主菜单中的 File/Import/Read Text-Lotus-Excel 或 Workfile

菜单中的 Procs/Import/Read Text-Lotus-Excel，按照软件提示找到刚才保存的 Excel 表格，双击，在对话框的"Names for series or Number if named in file"栏中输入序列名"IP M2 PW R"（序列顺序与 Excel 表格中序列顺序一致，序列名之间用空格隔开），单击"OK"即可完成数据导入。

（2）用鼠标依次扫黑 IP、$M2$、PW、R 四个序列，双击即可打开数组；或用"Ctrl＋左键"依次单击 IP、$M2$、PW、R 四个序列，双击即可打开数组。

（3）单击数组窗口的 View/Graph，在对话框的"Graph type"栏下"General"选项中选择"Basci graph"，在"Specifi"选项中选择"Line & Symbol"，在"Details"的"Multiple"选项中选择"Single graph"（见图 1.14），单击"确定"按钮，即可得到同一坐标系内 IP、PW 和 R 的线图(Line & Symbol)（见图 1.15）。

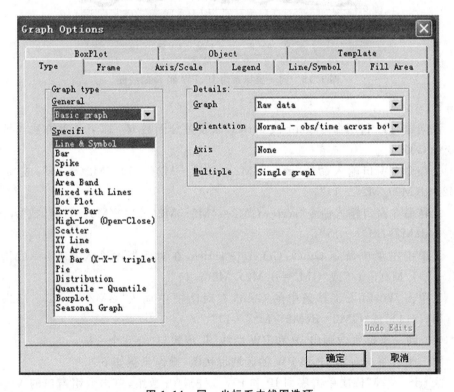

图 1.14　同一坐标系内线图选项

当分别画出 IP、PW 和 R 的线图时，重复上面过程，只是在"Details"的"Multiple"选项中选择"Multiple graphs"即可。

（4）要生成新变量广义货币增长率 GM2＝$[M2-M2(-1)]/M2(-1)$，其中 $M2$ 为已知变量，$M2(-1)$ 为 $M2$ 的一阶滞后变量，$M2-M2(-1)$ 构成 $M2$ 的一阶

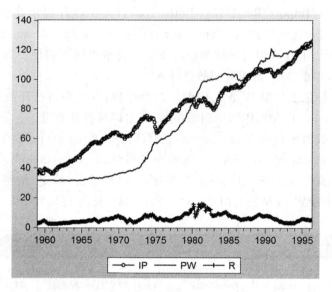

图 1.15 同一坐标系内 IP、PW 和 R 的线图

差分。

该问题可以利用命令 genr 或 series，以及差分函数 d。以下 4 种方法均可得到变量 GM2：

①在命令窗口输入命令"genr GM2=(M2－M2(－1))/M2(－1)"，或"genr GM2=d(M2)/M2(－1)"。

②在命令窗口输入命令"series GM2=(M2－M2(－1))/M2(－1)"，或"series GM2=d(M2)/M2(－1)"。

③单击主菜单命令 Quick/Generate series，在对话框中输入"GM2=(M2－M2(－1))/M2(－1)"或"GM2=d(M2)/M2(－1)"。

④单击 Workfile 工具条中的 Genr，在对话框中输入"GM2=(M2－M2(－1))/M2(－1)"或"GM2=d(M2)/M2(－1)"。

(5) 同一坐标系内画出 IP 和 PW 的线图，步骤与(3)完全一样。

同一坐标系内画出 IP 和 PW 的区域带状图，操作步骤如下：

"Ctrl＋左键"依次单击序列 IP 和 PW，双击打开数组，单击数组窗口的 View/Graph，在对话框的"Graph type"栏下"General"选项中选择"Basci graph"，在"Specifi"选项中选择"Area Band"，在"Details"的"Multiple"选项中选择"Single graph"，单击"确定"按钮，即可得到同一坐标系内 IP 和 PW 的区域带状图(见图 1.16)。

(6) 要求以 IP 为横轴、PW 为纵轴画出 XY-Line 线图。

对于该问题，在打开数组时对序列顺序是有要求的。EViews 软件中对数组中

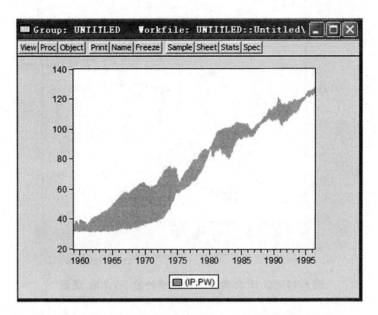

图1.16 同一坐标系内 IP 和 PW 的区域带状图

第一个序列默认为横轴、第二个序列作为纵轴。操作步骤如下:"Ctrl+左键"依次单击变量 IP、PW,双击打开数组,单击数组窗口的 View/Graph,在对话框的"Graph type"栏下"General"选项中选择"Basci graph",在"Specifi"选项中选择"XYline",在"Details"栏下"Fit lines"选项中选择"None",单击"确定"按钮,按钮即可得到以 IP 为横轴、PW 为纵轴的 XY-Line 线图(见图1.17);在"Details"栏下"Fit lines"选项中选择"Regression Line",单击"确定"按钮,即可得到以 IP 为横轴、PW 为纵轴包含回归拟合线的 XY-Line 线图(见图1.18)。

(7) EViews 软件中@trend(d)表示以 d 期为 0 的时间趋势变量,其中 d 为日期(适用于时间序列变量)或观测值个数(适用于截面数据)。本问题要求利用 trend 函数生成序列时,取值为 1,2,3,…,因此需要对@trend(d)中的 d 作选择,可以将 1958 年第 12 月作为第一个时间,那么利用函数@trend 时 1959 年 1 月的取值就成了 1。

在命令窗口输入命令:genr No=@trend(1958:12),或 series No=@trend(1958:12),即可得到序列 No,且取值为 1,2,3,…。

案例 2 美国全职工人收入分析

表 1.3 所示为 1992 年和 2004 年美国年龄在 25~34 岁之间,具有高中文凭或最高学历为大学的全职工人的每小时收入情况。其中 ahe 为平均小时收入,bachelor=1(大学)或 0(高中),female=1(女性)或 0(男性)。1992 年包含 7 602

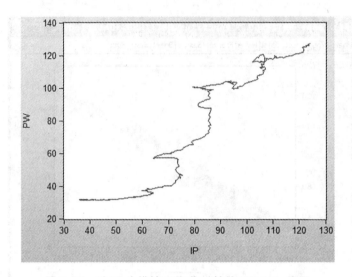

图 1.17 以 IP 为横轴、PW 为纵轴的 XY-Line 线图

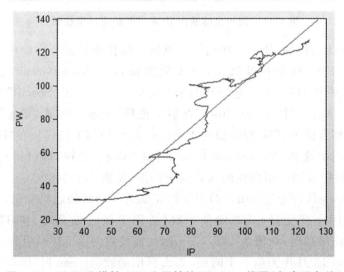

图 1.18 以 IP 为横轴、PW 为纵轴的 XY-Line 线图(包含回归线)

个样本,2004 年包含 7 986 个样本。

表 1.3 1992 年和 2004 年美国全职工人收入及影响因素

year	ahe	bachelor	female	age	year	ahe	bachelor	female	age
1992	11.188 81	1	0	29	2004	34.615 38	1	0	30
1992	10.000 000	1	0	33	2004	19.230 77	1	1	30
1992	5.769 231	0	0	30	2004	13.736 26	0	1	30

续表

year	ahe	bachelor	female	age	year	ahe	bachelor	female	age
1992	1.562 50	0	0	32	2004	19.230 77	1	1	30
1992	14.957 26	1	0	31	2004	19.230 77	1	0	25
1992	8.660 096	1	1	26	2004	38.461 54	1	1	32
1992	7.788 462	0	1	31	2004	33.653 85	1	0	33
1992	17.788 46	0	0	33	2004	9.615 385	0	0	32
1992	11.057 69	0	0	29	2004	8.000 000	0	1	30
⋮	⋮	⋮	⋮	⋮	⋮	⋮	⋮	⋮	⋮

利用这些数据回答：

(1) 计算 1992 年和 2004 年 ahe 的样本均值，并求出 ahe 总体均值变动的 95% 置信区间。

(2) 已知 1992 年消费者价格指数（CPI）为 140.3，2004 年消费者价格指数（CPI）为 188.9，请用 2004 年的美元价格度量 1992 年的 ahe，重新计算(1)。

(3) 基于 2004 年的数据求高中毕业生的 ahe 均值的 95% 置信区间、大学毕业生的 ahe 均值的 95% 置信区间，并求二者均值之差的 95% 置信区间。

(本案例及数据选自：詹姆斯·H. 斯托克，马克·W. 沃森. 计量经济学[M]. 3 版. 沈根祥，孙燕，译. 上海：格致出版社，2012.)。

案例分析：

本案例中的数据为截面数据。在建立新的 EViews 工作文件（Workfile）时，数据结构应该选择非结构/非时间数据（Unstructured/Undated），样本数可以填入 2004 年的 7986，当然 1992 年的样本数只有 7602，会导致 EViews 软件显示出来的 1992 年数据在样本数 7602 之后全部是缺省观察值"NA"，如图 1.19 所示。

(1) 求变量样本均值的方法较多，可以利用 @mean 函数或菜单中的描述统计。

①方法 1，在命令窗口输入命令"scalar mean_ahe1992=@mean(ahe1992)"，得到 1992 年 ahe 的样本均值 mean_ahe1992=11.628，输入命令"scalar mean_ahe2004=@mean(ahe2004)"得到 2004 年 ahe 的样本均值 mean_ahe2004=16.771。在利用 @mean 函数计算均值时，软件会自动剔除缺省观察值。

②方法 2，双击打开序列，单击主菜单或 Workfile 工具条的 View/Descriptive Statistics & Tests/Histogram Stats 或单击 View/Descriptive Statistics & Tests/Stats Table，也可得到均值。

总体均值变动的 95% 置信区间为 $(mean-|t_{0.025}|\times std, mean+|t_{0.025}|\times std)$，其中 mean 为样本均值，$t_{0.025}$ 为 95% 置信水平下的 t 分布临界值，std 为样本标准

obs	AHE1992	BACHELOR...	FEMALE1992	AGE1992
7593	13.94231	1.000000	1.000000	32.00000
7594	15.17966	0.000000	0.000000	34.00000
7595	7.211538	0.000000	0.000000	25.00000
7596	8.653846	0.000000	0.000000	27.00000
7597	9.109312	0.000000	1.000000	27.00000
7598	8.000000	0.000000	0.000000	31.00000
7599	6.500000	0.000000	0.000000	30.00000
7600	12.01923	1.000000	1.000000	26.00000
7601	10.00000	0.000000	0.000000	32.00000
7602	4.807693	0.000000	0.000000	33.00000
7603	NA	NA	NA	NA
7604	NA	NA	NA	NA
7605	NA	NA	NA	NA
7606	NA	NA	NA	NA
7607	NA	NA	NA	NA
7608	NA	NA	NA	NA
7609	NA	NA	NA	NA
7610	NA	NA	NA	NA
7611	NA	NA	NA	NA
7612	NA	NA	NA	NA
7613	NA	NA	NA	NA

图 1.19　录入 EViews 软件的 1992 年数据

差。在命令窗口分别输入命令：

scalar a1992＝@mean(ahe1992)－@abs(@qtdist(0.025,7602－1))*@stdev(ahe1992)

scalar b1992＝@mean(ahe1992)＋@abs(@qtdist(0.025,7602－1))*@stdev(ahe1992)

scalar a2004＝@mean(ahe2004)－@abs(@qtdist(0.025,7986－1))*@stdev(ahe2004)

scalar b2004＝@mean(ahe2004)＋@abs(@qtdist(0.025,7986－1))*@stdev(ahe2004)

回车后将得到 a1992＝0.732, b2004＝33.940, a2004＝－0.398, b1992＝22.524，它们分别是总体均值变动的 95% 置信区间的两个端点，其中 @abs 为绝对值函数，@qtdist 为 t 分布的临界值，@stdev 为标准差函数。由此得到 1992 年 ahe 总体均值变动的 95% 置信区间为 (0.732, 22.524)，2004 年 ahe 总体均值变动的 95% 置信区间为 (－0.398, 33.940)。

(2) 用 2004 年的美元价格度量 1992 年的 ahe 时，需要用到以某一年为基期的不变美元作为中间媒介：1992 年消费者价格指数为 140.3, 2004 年消费者价格指数为 188.9, 表明 1992 年的 1.403 美元、2004 年的 1.889 美元等值于 1 不变美元，由此计算得到 1992 年的 1 美元等值于 2004 年的 1.889/1.403 美元。将 1992 年的 ahe 全部乘以 1.889/1.403 即可得到以 2004 年美元计算的 ahe。

在 EViews 的命令窗口输入命令"genr ahe1＝ahe * (1.889/1.403)",或输入命令"series ahe1＝ahe * (1.889/1.403)",即可得到以 2004 年美元计算的 ahe。

重复(1)的计算可以得到:以 2004 年美元计算的 1992 年 ahe 的样本均值 mean_ahe1＝15.656,总体均值变动的 95％置信区间为(0.986,30.326)。2004 年 ahe 的样本均值依然为 mean_ahe2004＝16.771,总体均值变动的 95％置信区间为(－0.398,33.940)。

(3) bachelor2004 变量取值为 1 表示大学毕业生,取值为 0 表示高中毕业生。要计算高中毕业生、大学毕业生的 ahe 均值的 95％置信区间,可以先在原始数据中把两类数据进行分类处理,然后录入 EViews 进行计算。当然也可以利用未分类的数据做些简单的数学计算,同样可以得到结果,在命令窗口分别输入命令:

①scalr bachelor_1＝@sum(bachelor2004)
②genr ahe_1＝ahe2004 * bachelor2004
③sclar mean_ahe_1＝@sum(ahe_1)/bachelor_1
④scalar mean_ahe_0＝(@sum(ahe2004)-@sum(ahe_1))/(7986-bachelor_1)

其中命令①是统计大学毕业生的数量,得到 bachelor_1＝3640,由此得到高中毕业生的数量为 7 986－3 640＝4 346,②是将高中毕业生的数据排除掉(把高中毕业生的 ahe 表示为 0),③是计算大学毕业生的 ahe 样本均值,得到 mean_ahe_1＝20.307,④是计算高中毕业生的 ahe 样本均值,得到 mean_ahe_0＝13.809。

求均值之差的 95％置信区间的数学公式为:

$$\left[\bar{x}-\bar{y}-\mid t_{0.025}(n_1+n_2-2)\mid s_w\sqrt{\frac{1}{n_1}+\frac{1}{n_2}},\right.$$
$$\left.\bar{x}-\bar{y}+\mid t_{0.025}(n_1+n_2-2)\mid s_w\sqrt{\frac{1}{n_1}+\frac{1}{n_2}}\right]$$

其中 $\bar{x}$、$\bar{y}$ 分别为样本均值,n_1、n_2 为样本数,$s_w^2=\dfrac{(n_1-1)s_1^2+(n_2-1)s_2^2}{n_1+n_1-2}$,$s_1$、$s_2$ 分别为样本标准差。上述公式中只需计算 s_1、s_2 即可得到结果。

为了计算方便,将原始数据按照学历进行分类,分别录入软件,$n_1=4\,346$,$n_2=3\,640$,在软件中使用命令 @stdev 计算得到 $s_1=6.729$,$s_2=9.554$,再计算 $s_w=8.139$,最后得到大学毕业生与高中毕业生 ahe 均值之差的 95％置信区间为(6.139,6.856)。

第2章

一元线性回归模型

本章将基于截面数据建立一元线性回归模型,并用最小二乘法(OLS)进行回归估计,在此基础上对回归系数进行显著性检验,最后利用模型估计结果进行预测。

2.1 数据的类型

计量经济学中所使用的数据主要来源于实验或者对现实世界的观测,常见数据一般分为 3 个类型:截面数据(cross-sectional data)、时间序列数据(time series data)和面板数据(panel data)。有时候根据研究需要也可以将多个不同时间点上的截面数据合并到一起构成混合截面数据(pooled cross-sectional data)。截面数据、时间序列数据为二维数据,而面板数据为三维数据,包括截面(或个体)、时间、变量三个维度。

截面数据是对不同个体(比如工人、消费者,公司、农户、学校,国家、省、市等)在某一特定时间段内收集到的数据。截面数据的个体总数记为 n。这一类型数据的特点是:时间固定、个体可变。比如我国东部省份 2014 年的 GDP 数据就是一个 $n=11$ 的截面数据(见表 2.1)。

表 2.1 中国东部各地区 2014 年 GDP(亿元)

地 区	GDP
北京市	21 330.83
天津市	15 726.93
河北省	29 421.15
辽宁省	28 626.58
上海市	23 567.7
江苏省	65 088.32
浙江省	40 173.03
福建省	24 055.76
山东省	59 426.59
广东省	67 809.85
海南省	3 500.72

数据来源:国家统计局网站。

时间序列数据:对同一个体(个人、公司、国家等)在多个时期内收集到的数据。这一类型数据的特点是:个体固定、时间可变。时间序列数据中的时间可以是年度、季度、月度、小时、分等,用 T 记为时间序列数据的观测次数或期数。例如我国 2005—2014 年年末人口数就是一个 $T=10$ 的时间序列数据(见表 2.2)。

表 2.2 我国 2005—2014 年的人口数(万人)

年 份	人 口
2005	130 756
2006	131 448
2007	132 129
2008	132 802
2009	133 450
2010	134 091
2011	134 735
2012	135 404
2013	136 072
2014	136 782

数据来源:《中国统计摘要 2015》。

面板数据:多个个体分别在多个时期内观测到的数据。这一类型数据的特点是:个体和时间都可变。例如 2006—2014 年我国中部六省的年末人口数就是一个 $n=6$、$T=9$ 的面板数据(见表 2.3),它可以看作 6 个时间序列构成的数据集或者 9 个截面数据列构成的数据集。

表 2.3 2006—2014 年我国中部六省的年末人口数(万人)

时 间	省份					
	湖 北	安 徽	江 西	河 南	湖 南	山 西
2006 年	5 693	6 110	4 339	9 392	6 342	3 375
2007 年	5 699	6 118	4 368	9 360	6 355	3 393
2008 年	5 711	6 135	4 400	9 429	6 380	3 411
2009 年	5 720	6 131	4 432	9 487	6 406	3 427
2010 年	5 728	5 957	4 462	9 405	6 570	3 574
2011 年	5 758	5 968	4 488	9 388	6 596	3 593
2012 年	5 779	5 988	4 504	9 406	6 639	3 611
2013 年	5 799	6 030	4 522	9 413	6 691	3 630
2014 年	5 816	6 083	4 542	9 436	6 737	3 648

数据来源:《中国统计摘要 2015》。

计量经济学以统计数据为基础,在进行计量实证之前应该对数据的真实性进行甄别,对缺省数据进行处理,对数据类型、数据结构、数据维度、数据的样本数、数据的单位等进行分析,有时候还要根据研究的需要对数据作适当处理,比如变换为对数形式、进行标准化处理、进行物价平减处理、进行差分变换等。

本章以下内容将以截面数据为例进行阐述。

2.2 一元线性回归:模型、估计和检验

2.2.1 变量之间的线性关系检验

两个变量 y、x 之间能否建立一元线性回归模型,取决于两个变量之间有没有线性关系。实际中,两个变量之间是否具有线性关系的判断,可以通过作散点图观察或计算相关系数的方法来实现。

2.2.1.1 作散点图观察变量之间的线性关系

操作步骤如下。

(1) 建立空的工作文件(Workfile)。

打开软件,单击 File/New/Workfile,在"Workfile structure type"对话框中选择"Unstructured/Undated",在"Data range"对话框中填入观测个数(见图 2.1),然后单击"OK"按钮。

(2) 读入数据。

将数据读入到空的工作文件中,利用鼠标右键的 Rename 命令将工作文件中的序列名更改为实际的变量名(例如 Y 和 X)。

(3) 作散点图。

打开数组 X、Y,单击 View/Graph,然后在"General"对话框中选择"Basic graph",在"Specific"对话框中选择"Scatter",在"Fit lines"对话框中选择"Regression Line"(见图 2.2),然后单击"OK"按钮,即可得到包含回归线的散点图(见图 2.3)。

观察图 2.3 中的回归线,回归线越接近于水平表明 Y、X 之间线性关系越弱。当然散点图观察的方法只能经验性地判断两个变量是否具有线性关系,这种方法并不能精确地给出两个变量之间线性关系的强弱。

2.2.1.2 由相关系数判断变量之间的线性相关性

用 EViews 软件求变量之间的相关系数的步骤如下。

(1) 打开数组 X、Y;

第 2 章 一元线性回归模型

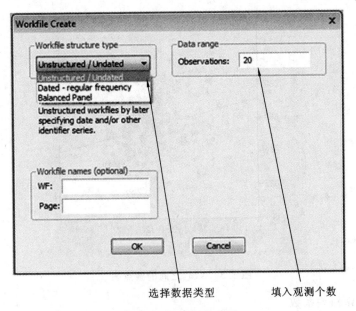

图 2.1　工作文件选项

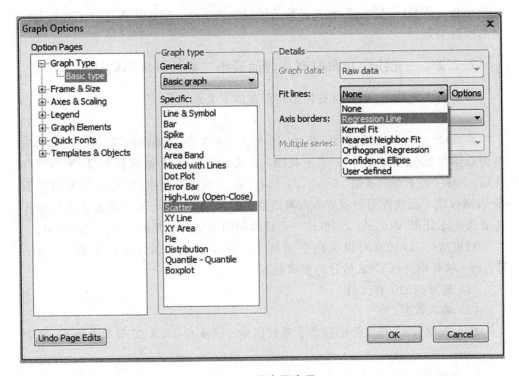

图 2.2　散点图选项

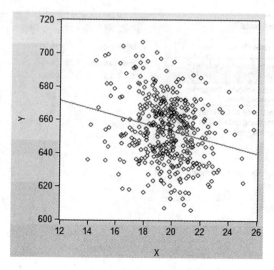

图 2.3　X、Y 之间的散点图

(2) 计算相关系数。

单击软件的命令"Quick/Group statistics/Correlations",即可计算得到 X、Y 之间的相关系数,一般来说,相关系数的绝对值大于 0.5 即可认为它们之间具有较强的线性关系。

2.2.2　一元线性回归模型及普通最小二乘法(OLS)估计

对于两个变量 Y、X,假设它们之间存在以下关系:

$$Y_i = \beta_0 + \beta_1 X_i + u_i \tag{2.1}$$

称式(2.1)为一元线性回归模型,$Y_i = \beta_0 + \beta_1 X_i$ 为总体回归线,β_0、β_1 称为模型的总体参数或系数,其中 β_0 表示截距,β_1 表示斜率,Y 为被解释变量,X 为解释变量,下标 i 表示观测次数,$i = 1,2,\cdots,n$。u_i 为随机误差项,如果 u_i 满足古典假设[①],则称该一元线性回归模型为古典线性回归模型;如果 u_i 除了满足古典假设外还服从正态分布 $N(0,\sigma^2)$,则称该一元线性回归模型为古典正态线性回归模型。

对模型(2.1)通常可以采用普通最小二乘法(OLS)估计总体参数 β_0、β_1。EViews 软件中进行 OLS 估计的步骤如下。

(1) 建立空的工作文件。

(2) 输入数据。

输入数据后,工作文件中包含了系数向量 c 以及 resid、X、Y 等 3 个序列,其中

---

① 古典假设:(1) $E(u_i|x_i)=0$;(2) $\text{cov}(u_i,u_j|x_i,x_j)=0,i\neq j$;(3) $\text{var}(u_i|x_i)=\sigma^2$;(4) $\text{cov}(u_i,x_i|x_i)=0$。

c 用以储存回归模型的系数估计值 β_0、β_1，resid 用来储存误差项的估计值 u，在方程估计之前 c 和 resid 都没有数据，如图 2.4 所示。

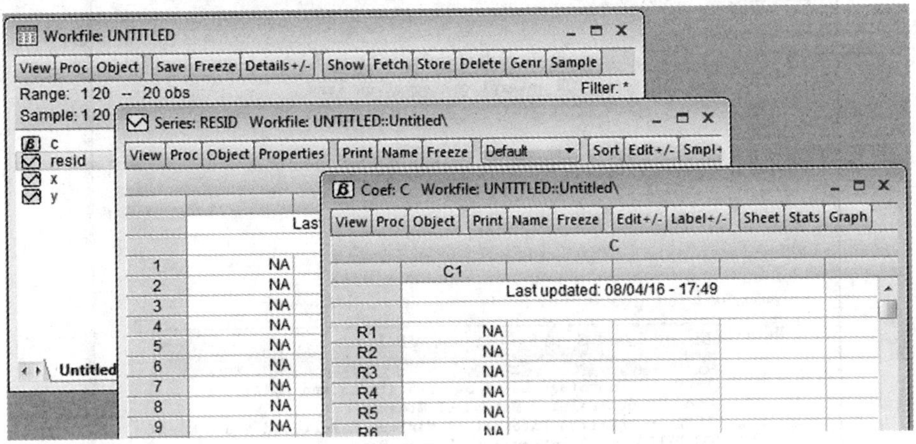

图 2.4　工作文件中的系数向量 c 和残差序列 resid

（3）OLS 估计。

软件操作步骤为：单击 Quick/Estimate Equation，在"Equation Specification"对话框中填入回归方程形式"y c x"或"y＝c(1)＋c(2)＊x"，在"Method"对话框中选择"LS"，"sample""Option"对话框中全部选择默认（见图 2.5），单击"确定"按钮，即可得到估计结果，EViews 软件中估计结果可以用三种形式输出，软件默认用列表形式输出（见图 2.6）。

在列表形式的估计结果界面（见图 2.6），单击 View/Representations，则可以得到方程形式输出的估计结果（见图 2.7）。

在图 2.6 的估计结果界面，单击 View/Actual,Fitted,Residual，则会出现 4 个选项："Actual, Fitted, Residual Table"，"Actual, Fitted, Residual Graph"，"Residual Graph"，"Standardized Residual Graph"。如果选择"Actual, Fitted, Residual Table"，则得到如图 2.8 所示的结果。

除了利用快捷方式 Quick 估计模型外，还可以利用命令的方式进行模型估计，只需在软件的命令栏输入"equation eq01.ls y＝c(1)＋c(2)＊x"或"equation eq01.ls y c x"，其中 eq01 表示回归方程的名称，.ls 表示回归估计方法为普通最小二乘法。如果不给定回归方程名称，则只需输入命令"ls y＝c(1)＋c(2)＊x"或"ls y c x"，此时估计结果没有得到自动保存，当关闭估计结果界面时，软件会提示是否保存。学会用命令的方式进行回归估计，将有助于今后进行 EViews 软件编程。

图 2.5 一元线性回归估计选项

EViews - [Equation: UNTITLED Workfile: UNTITLED::Untitled\]

File Edit Object View Proc Quick Options Add-ins Window Help

View | Proc | Object | Print | Name | Freeze | Estimate | Forecast | Stats | Resids

Dependent Variable: Y
Method: Least Squares
Date: 08/05/16 Time: 10:53
Sample: 1 420
Included observations: 420

Variable	Coefficient	Std. Error	t-Statistic	Prob.
C	698.9330	9.467491	73.82451	0.0000
X	-2.279808	0.479826	-4.751327	0.0000

R-squared	0.051240	Mean dependent var	654.1565
Adjusted R-squared	0.048970	S.D. dependent var	19.05335
S.E. of regression	18.58097	Akaike info criterion	8.686903
Sum squared resid	144315.5	Schwarz criterion	8.706143
Log likelihood	-1822.250	Hannan-Quinn criter.	8.694507
F-statistic	22.57511	Durbin-Watson stat	0.129062
Prob(F-statistic)	0.000003		

图 2.6 OLS 估计结果(列表输出)

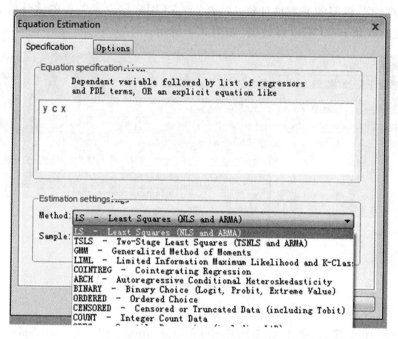

图 2.7 OLS 估计结果(方程视图)

obs	Actual	Fitted	Residual
1	690.800	658.147	32.6526
2	661.200	649.861	11.3392
3	643.600	656.307	-12.7069
4	647.700	659.362	-11.6620
5	640.850	656.366	-15.5159
6	605.550	650.131	-44.5808
7	606.750	654.477	-47.7267
8	609.000	651.298	-42.2984
9	612.500	653.457	-40.9568
10	612.650	651.500	-38.8503
11	615.750	650.514	-34.7642
12	616.300	651.057	-34.7570
13	616.300	651.969	-35.6689
14	616.300	653.318	-37.0181
15	616.450	657.833	-41.3831
16	617.350	652.762	-35.4124

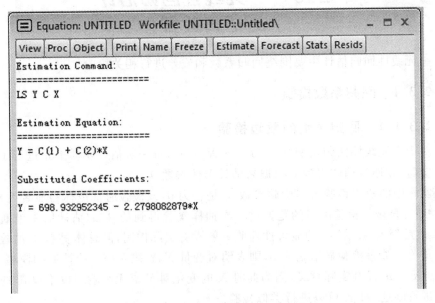

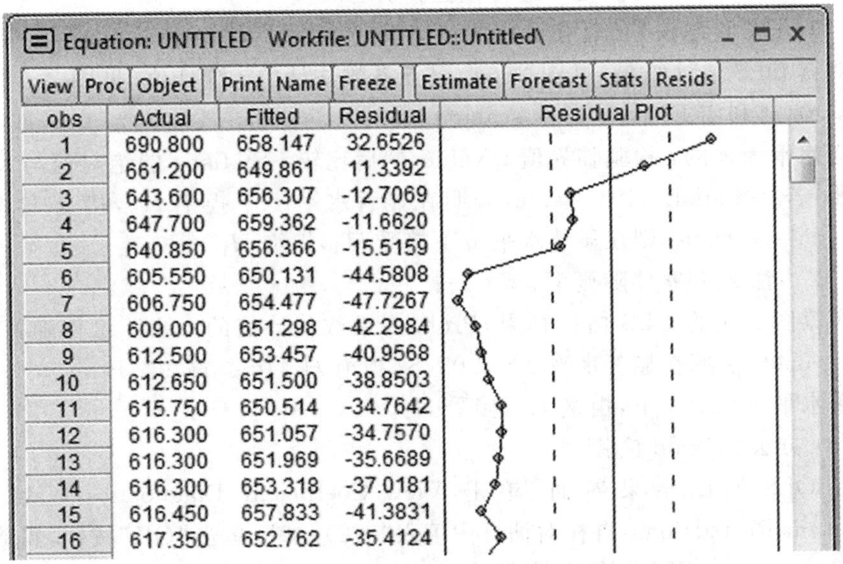

图 2.8 OLS 估计结果(实际值、拟合值、残差)

2.3 一元线性回归估计的相关检验

一元线性回归估计主要围绕回归系数和残差进行相关检验。

2.3.1 回归系数检验

2.3.1.1 回归系数的双边检验

对于一元线性回归模型 $Y_i = \beta_0 + \beta_1 X_i + u_i$，每一次估计实质上是进行了一次抽样实验，即通过抽样得到的数据来估计总体参数 β_0、β_1。

实际中的双边检验大多检验参数 β_1 是否为 0，该检验通常被称为显著性检验。对 β_1 进行显著性检验的目的是通过一次抽样实验得到的 β_1 的估计值来推断总体参数 β_1 是否为 0。对 β_0 的显著性检验一般没有实际作用，但总体斜率 β_1 的检验却非常重要。如果检验显示 $\beta_1 = 0$，则表明对变量 X、Y 建立一元线性回归模型 $Y_i = \beta_0 + \beta_1 X_i + u_i$ 没有实际意义，因为此时 X 的变化对 Y 毫无影响。以下以 β_1 的检验为例进行阐述，对 β_0 可以进行类似检验。

对总体斜率 $\beta_1 = 0$ 的双边检验，可以先提出原假设（H_0）和备择假设（H_1）。

$$H_0: \beta_1 = 0; H_1: \beta_1 \neq 0$$

再选择以下三种方法之一进行检验。

(1) 方法 1：比较 t 统计值和临界值。

观察 OLS 估计结果（见图 2.6），记下系数估计的 t 统计值（见图 2.6 中的 t-Statistic），再利用 EViews 命令 scalar t_value=@qtdist(1-p/2,n) 查找自由度为 n、显著水平为 p 的 t 检验临界值 t_value，然后比较 t-Statistic 的绝对值与 t_value 的大小：若|t-Statistic|＞t_value，表明在显著水平 p 下拒绝 H_0，接受 H_1；若|t-Staticstic|＜t_value，则在显著水平 p 下接受 H_0，拒绝 H_1。

(2) 方法 2：观察伴随概率。

观察图 2.6 的 OLS 估计结果，Prob. 为系数估计值的 t 统计量伴随概率，若 Prob.＞0.05，表明在显著水平 $p=0.05$ 下，拒绝 H_1，接受 H_0；若 Prob.＜0.05，则在显著水平 $p=0.05$ 下，拒绝 H_0，接受 H_1。

(3) 方法 3：Wald 检验。

在 OLS 回归结果界面，单击 View/Coefficient Diagnostics/Wald Test-Coefficient Restrictions，再在对话框中填入"c(2)=0"，单击"OK"按钮，得到结果如图 2.9 所示。Wald 检验结果中也给出了 t 统计值（Value）和伴随概率（Probability），仿照方法 1 和方法 2 作出判断即可。

在显著水平 p 下对总体斜率 $\beta_1 = \beta_{10}$（β_{10} 为常数）的检验，可先提出原假设

```
┌─ Equation: UNTITLED   Workfile: UNTITLED::Untitled\    _ □ ×─┐
│ View Proc Object | Print Name Freeze | Estimate Forecast Stats Resids │
│ Wald Test:                                                    │
│ Equation: Untitled                                            │
│                                                               │
│ Test Statistic      Value       df        Probability         │
│                                                               │
│ t-statistic        -4.751327    418        0.0000             │
│ F-statistic        22.57511    (1, 418)    0.0000             │
│ Chi-square         22.57511     1          0.0000             │
│                                                               │
│ Null Hypothesis: C(2)=0                                       │
│ Null Hypothesis Summary:                                      │
│                                                               │
│ Normalized Restriction (= 0)       Value       Std. Err.      │
│                                                               │
│ C(2)                              -2.279808    0.479826       │
│                                                               │
│ Restrictions are linear in coefficients.                      │
└───────────────────────────────────────────────────────────────┘
```

图 2.9 Wald 检验结果

(H_0)和备择假设(H_1)。

$$H_0: \beta_1 = \beta_{10}; H_1: \beta_1 \neq \beta_{10}$$

常用下面的两种方法进行。

(1) 方法 1：比较 t 统计值与临界值。

观察 OLS 估计结果(见图 2.6)，记下系数的估计值 β_1（图 2.6 中的"Coefficient"）和标准差 SE(图中的"Std. Error")，利用公式 $t = (\beta_1 - \beta_{10})/SE$ 计算 t 统计值，再按照显著性检验中的方法 1 进行比较。

(2) 方法 2：Wald 检验。

在 OLS 回归结果界面，单击 View/Coefficient Diagnostics/Wald Test-Coefficient Restrictions，在对话框中填入"c(2)= β_{10} "，β_{10} 用具体的数值代替，单击"OK"按钮。再用方法(1)比较 t 统计值与临界值。

2.3.1.2 回归系数的单边检验

在显著水平 p 下对回归系数 β_1 的单边检验包括两种形式。

$$H_0: \beta_1 = \beta_{10}; H_1: \beta_1 < \beta_{10}$$

或

$$H_0: \beta_1 = \beta_{10}; H_1: \beta_1 > \beta_{10}$$

实际中根据需要选择相应的形式。两种形式的检验主要采用 t 检验的方法，原假设和 t 统计量的构造都相同，其区别主要在于如何解释 t 统计量。检验方法如下。

先观察 OLS 估计结果(见图 2.6)，记下回归系数的估计值 β_1（图 2.6 中的

"Coefficient")和标准差 SE(图 2.6 中的"Std. Error"),再利用公式"$t=(\beta_1-\beta_{10})/$SE"计算 t 统计值,然后利用 EViews 命令"scalar t_value=@qtdist(p,n)"查找自由度为 n、显著水平为 p 的 t 检验单边临界值 t_value,最后比较 t 统计值与临界值:若 $t>t\_value$,则在显著水平 p 下拒绝 H_0,接受 H_1;若 $t<t\_value$,则在显著水平 p 下拒绝 H_1,接受 H_0。

2.3.2 回归系数的置信区间

置信区间与事先设定的置信水平 α 相关,置信水平一般可以设定为 90%、95% 或 99%。置信水平 α 下系数 β_1 的置信区间为

$$[\beta_1-t(1-\alpha,n)\cdot SE(\beta_1),\beta_1+t(1-\alpha,n)\cdot SE(\beta_1)] \quad (2.2)$$

其中 $t(1-\alpha,n)$ 是自由度为 n、显著水平为 $(1-\alpha)$ 的 t 检验临界值,SE 为标准差。

置信区间可以通过 EViews 软件得到:

在回归估计结果界面,单击 View/Coefficient Diagnostics/Confidence Intervals,软件在对话框中已经默认给出概率水平 0.90、0.95、0.99,单击"OK"按钮,即可得到总体参数 β_0、β_1 的置信水平分别为 90%、95%、99% 的置信区间。

2.3.3 回归残差的统计性质及检验

工作文件的 resid 序列中储存了最近一次回归估计的残差,对残差可以作描述统计分析和检验。操作步骤为:

利用 EViews 命令"genr re=resid"将储存在 resid 变量中的残差保存为新的变量"re",先双击 re 变量打开残差序列,再单击 View/Descriptive Statistics & Tests/Histogram and Stats,即可得到残差的柱状分布图,如图 2.10 所示。

残差的柱状分布图中相应给出了残差序列的统计性质描述,其中 Jarque-Bera 值及伴随概率可以帮助我们判断残差是否符合正态分布:若伴随概率(图 2.10 中的 Probability)大于 0.05,则可以在 5% 的概率水平下认为残差符合正态分布;否则,认为残差不符合正态分布。

如果残差序列符合正态分布,则可以利用 EViews 软件描绘出残差的正态分布密度曲线,操作步骤为:

双击 re 变量打开残差序列→单击 View/Graph→在对话框中依次选择"Graph Type/Specific/Distribution","Details/ Distribution/Options"→在对话框中选择"Added Elements/Add"→在对话框中选择"Theoretical Density"→单击"OK"按钮→单击"OK"按钮→单击"OK"按钮,即可得到残差的正态分布密度曲线图,如图 2.11 所示。

另外,还可以对残差序列进行均值、方差、中值等检验。例如,检验残差均值是

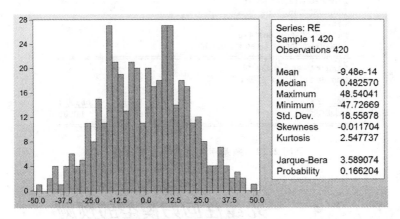

图 2.10 残差柱状图及统计性质

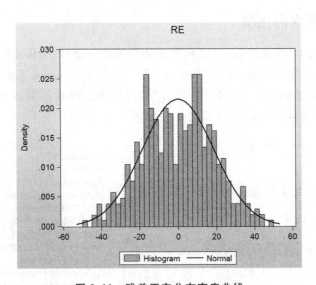

图 2.11 残差正态分布密度曲线

否为 0,操作步骤为:

双击 re 变量打开残差序列→单击 View/Descriptive Statistics & Tests/Simple hypothesis tests→在"Mean"对话框中填入 0→单击"OK"按钮,即可得到 t 检验结果,如图 2.12 所示。

如果 t 统计值的伴随概率(图 2.12 中的"Probability")大于 0.05,则可以在 $p=0.05$ 概率水平下认为残差的均值为 0。

```
Hypothesis Testing for RE
Date: 08/06/16   Time: 16:33
Sample: 1 420
Included observations: 420
Test of Hypothesis: Mean = 0.000000

Sample Mean = -9.48e-14
Sample Std. Dev. = 18.55878

Method                          Value      Probability
t-statistic                    -1.05E-13     1.0000
```

图 2.12　残差序列均值为 0 的检验

2.4　一元线性回归模型的预测

2.4.1　样本内预测

对模型进行 OLS 估计后，可以利用估计结果进行预测，操作步骤为：

在 OLS 估计结果界面，单击"Forecast"→在"Series name/Forecast name"对话框中填入因变量的预测变量名称（例如 YF），其他选择软件默认→单击"OK"按钮，即可得到因变量 Y 的样本内预测 YF，如图 2.13 所示。

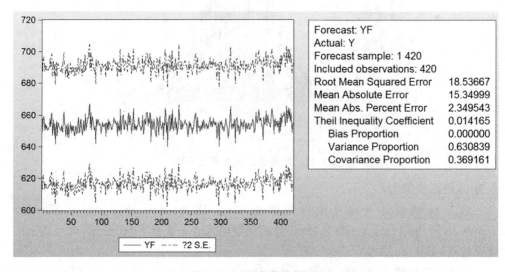

图 2.13　因变量的预测

YF 变量已经被保存在工作文件中。图 2.13 中除了给出预测变量 YF 外，还给出了 95% 置信区间的预测上限 YF+2SE 和预测下限 YF−2SE，其中 SE 为标准差。

2.4.2 样本外预测

利用 EViews 软件还可以实现样本外预测，操作步骤为：

在软件的命令栏输入命令"expand 1 n+m"，将样本区间由原来的 $1,2,\cdots,n$ 扩大到 $1,2,\cdots,n+m$（此时变量 X、Y 的数据个数扩大为 $n+m$ 个，但是序号为 $n+1$ 到 $n+m$ 的数据都是空缺的）→在自变量 X 的 $n+1$ 到 $n+m$ 序号上填入实验数据→在 OLS 估计结果界面单击"Forecast"进行预测→在"Series name/Forecast name"对话框中填入因变量的预测变量名称（软件默认为 YF），在"forecast sample"对话框中填入"1 n+m"，其他选择软件默认→单击"OK"按钮。

执行上述步骤可以得到样本外预测结果，包括预测序列 YF 和类似于图 2.13 的预测图。软件自动将预测结果 YF 保存在工作文件中。

对于时间序列，也可以进行类似预测，区别在于时间范围。例如，在样本范围 1994 年第一季度到 2017 年第二季度外进行预测，则预测 2017 年第三季度的扩展样本命令为"expand 1994Q1 2017Q3"，其他操作步骤相同。

2.5 实验教程

本节共包括 2 个实验：
实验 1　一元线性回归模型的估计、显著性检验和预测。
实验 2　一元线性回归模型统计量的计算。

实验 1　一元线性回归模型的估计、显著性检验和预测

实验目的：熟悉一元线性回归 OLS 估计的软件操作，能解读一元线性回归结果，并对一元线性回归的整体显著性、参数显著性作出判断，能对模型进行样本内预测。

实验仪器、工具、材料：计算机、EViews 软件（3.0 及以上版本）、数据集 Caschool（美国加利福尼亚州 420 个小学学区在 1999 年的测试成绩和班级规模的数据。数据来源：詹姆斯·H.斯托克，马克·M.沃森.计量经济学导论[M].3 版. 张涛，巩书欣，译.北京：中国人民大学出版社，2014.）。

实验学时及要求：1 学时，将主要实验结果保存到 Word 文档中。

实验内容及步骤如下：

（1）了解数据集。数据集中包括 testscr（考试成绩）、str（班级规模）、el_pct（英语非母语学生的百分率）、meal_pct（中餐补助达标率）、avginc（地区平均收入）等

13个变量,观测值为420,没有缺省数据,数据类型为截面数据,部分数据如表2.4所示。

(2) 在EViews软件中创建数据类型为截面数据、观测值为420的工作文件(Workfile),将变量testscr、str的数据输入工作文件。

(3) 作散点图观察变量testscr、str之间的线性相关性,要求散点图中包含回归线。将作出的散点图复制粘贴到word文档中,并根据对散点图的观察判断两个变量之间是否具有线性相关性以及相关性的强弱。

表2.4 数据集Caschool

	D	E	F	G	H	I	J	K	L	M	N	O	P
1	enrl_tot	teachers	calw_pct	meal_pct	computer	testscr	comp_stu	expn_stu	str	avginc	el_pct	read_scr	math_scr
2	195	10.90	0.51	2.04	67	690.80	0.34	6384.91	17.89	22.69	0.00	691.60	690.00
3	240	11.15	15.42	47.92	101	661.20	0.42	5099.38	21.52	9.82	4.58	660.50	661.90
4	1550	82.90	55.03	76.32	169	643.60	0.11	5501.95	18.70	8.98	30.00	636.30	650.90
5	243	14.00	36.48	77.05	85	647.70	0.35	7101.83	17.36	8.98	0.00	651.90	643.50
6	1335	71.50	33.11	78.43	171	640.85	0.13	5235.99	18.67	9.08	13.86	641.80	639.90
7	137	6.40	12.32	86.96	25	605.55	0.18	5580.15	21.41	10.41	12.41	605.70	605.40
8	195	10.00	12.90	94.62	28	606.75	0.14	5253.33	19.50	6.58	68.72	604.50	609.00
9	888	42.50	18.81	100.00	66	609.00	0.07	4565.75	20.89	8.17	46.96	605.50	612.50
10	379	19.00	32.19	93.14	35	612.50	0.09	5355.55	19.95	7.39	30.08	608.90	616.10
11	2247	108.00	78.99	87.32	0	612.65	0.00	5036.21	20.81	11.61	40.28	611.40	613.40
12	446	21.00	18.61	85.87	86	615.75	0.19	4547.69	21.24	8.93	52.91	612.80	618.70
13	987	47.00	71.71	98.61	56	616.30	0.06	5447.35	21.00	7.39	54.61	616.60	616.00
14	103	5.00	22.43	98.13	25	616.30	0.24	6567.15	20.60	5.34	42.72	612.80	619.80
15	487	24.34	24.61	77.15	0	616.30	0.00	4818.61	20.01	8.28	20.53	610.00	622.60
16	649	36.00	14.64	76.27	31	616.45	0.05	5621.46	18.03	9.63	80.12	611.90	621.00
17	852	42.07	24.21	94.30	80	617.35	0.09	6026.36	20.25	7.45	49.41	614.80	619.90
18	491	28.92	11.20	97.76	100	618.05	0.20	6723.24	16.98	6.22	85.54	611.70	624.40
19	421	25.50	8.55	77.91	50	618.30	0.12	5589.89	16.51	7.76	58.91	614.90	621.70
20	6880	303.03	21.28	94.97	960	619.80	0.14	5064.62	22.70	7.02	77.01	619.10	620.50

(4) 以testscr为因变量、str为自变量建立一元线性回归模型,并对模型进行OLS估计,估计结果命名为"eq01"。了解OLS估计结果的三种输出形式,并分别复制粘贴到word文档中。

提示:实验2中也会用到该模型的估计结果。可以使用命令"equation eq01.ls testscr c str"进行OLS估计,并把估计结果以名称"eq01"保存在工作文件中,以备之后调用。

(5) 以OLS估计的表格输出形式为基础,解读OLS估计结果。

①给出模型的估计式,解读str对testscr的影响效应。

②了解str系数估计的标准差、t统计值、伴随概率,分析str系数的显著性。

③了解模型的拟合优度、回归标准差、残差平方和、F统计值和伴随概率,分析模型的整体显著性和解释能力。

(6) 对str选定不同的数据,预测testscr的值,理解该预测的意义。

(7) 以testscr为因变量,从数据中另选择一个变量作为自变量,重复以上实验过程。

(8) 以名称"第2章实验1"将本次实验的EViews文件保存在计算机中。

实验2 一元线性回归模型统计量的计算

实验目的：认识一元线性回归模型主要的统计量，了解各统计量的计算方法，通过实际计算以验证回归结果中的统计量。

实验仪器、工具、材料：计算机、EViews 软件（3.0 及以上版本）、数据集 Caschool（美国加利福尼亚州 420 个小学学区在 1999 年的测试成绩和班级规模的数据）。

实验学时及要求：1 学时，将主要实验结果保存到 Word 文档中。

实验内容及步骤如下。

(1) 打开 EViews 文件"第 2 章实验 1"，该文件为实验 1 的结果，事先已保存在计算机中。

(2) 打开 OLS 估计结果"eq01"，了解以下统计量的意义：Coefficient, Std. Error, t-Statistics, Prob. , R-squared, S. E. of regression, Sum squared resid。

(3) 代入相应数值、验证等式：t-Statistics＝Coefficient/ Std. Error。

(4) 利用命令"scalar a＝@tdist(t-Statistics,d)"查询"t-Statistics"对应的伴随概率并记为"a"保存在工作文件中，其中"t-Statistics"用具体的数值代入，"d"为自由度（思考本例中自由度为什么是"420－2＝418"?）。验证 a 值是否与 Prob. 的值一致。

(5) 利用命令"genr r＝resid"将回归残差以名称"r"保存在工作文件中。按照以下步骤计算 Sum squared resid：利用命令"genr r2＝r^2"产生新的序列 r^2，即残差的平方→利用命令"scalar ssr＝@sum(r2)"计算 Sum squared resid，把计算结果以名称"ssr"保存在工作文件中。

验证计算得到的 ssr 值是否与回归结果中的 Sum squared resid 的数值保持一致。

(6) 利用命令"scalar ser＝(ssr/d)^0.5"计算 S. E. of regression，其中 ssr 在(5)中已计算得到，d 为自由度（d＝418）。验证计算得到的 ser 值是否与回归结果中的 S. E. of regression 的数值保持一致。

(7) 按照以下步骤计算 R-squared：利用命令"genr testscr1＝(testscr-@mean(testscr))^2"产生新的序列 testscr1，再利用命令"scalar tss＝@sum(testscr1)"得到 tss 的值，然后利用命令"scalar R2＝1-(ssr/tss)"计算得到 R-squared，并以名称"R2"保存在工作文件中。

验证计算得到的 R2 的值是否与回归结果中的 R-squared 的值保持一致。

2.6 综合案例分析

案例 收入与年龄的关系

利用数据集CPS04研究平均小时收入（AHE）与年龄（AGE）的关系。数据集中包括AHE（平均小时收入，单位：美元）、BACHELOR（有学位＝1）、FEMALE（女性＝1）、AGE（年龄，最大34岁，最小25岁）等4个变量，样本数为7 986个，无缺省数据，数据类型为截面数据。BACHELOR、FEMALE为虚拟变量。部分数据如表2.5所示。

表 2.5 数据集 CPS04

	A	B	C	D
1	AHE	BACHELOR	FEMALE	AGE
2	34.61538	1	0	30
3	19.23077	1	1	30
4	13.73626	0	1	30
5	19.23077	1	1	30
6	19.23077	1	0	25
7	38.46154	1	1	32
8	33.65385	1	0	33
9	9.615385	0	1	32
10	8	1	0	30
11	19.23077	0	0	30
12	9.134615	0	1	27
13	19.23077	1	1	32
14	23.07692	1	1	31
15	13.46154	0	0	26
16	15.38461	1	1	33
17	9.615385	0	1	33
18	26.15385	1	0	29
19	17.44186	1	1	28
20	8.413462	0	1	31

（1）估计AGE对AHE的影响效应，并对估计结果进行解读。

（2）求斜率系数的置信区间。

（3）利用高中毕业生的数据重做（1）。

（4）利用大学毕业生的数据重做（1）。

（5）根据（3）和（4）判断：年龄对收入的影响对高中毕业生和对大学毕业生是否存在显著不同。

案例分析：

(1) 该问题需要建立一元线性回归模型来解决。以 AHE 为因变量、AGE 为自变量建立模型

$$\text{AHE} = \beta_0 + \beta_1 \text{AGE} + u \tag{2.3}$$

对模型(2.3)进行 OLS 估计,结果如图 2.14 所示。

```
Dependent Variable: AHE
Method: Least Squares
Date: 05/17/17   Time: 11:10
Sample: 1 7986
Included observations: 7986
```

Variable	Coefficient	Std. Error	t-Statistic	Prob.
C	3.324184	1.002230	3.316787	0.0009
AGE	0.451931	0.033526	13.48022	0.0000

R-squared	0.022254	Mean dependent var	16.77115
Adjusted R-squared	0.022131	S.D. dependent var	8.758696
S.E. of regression	8.661234	Akaike info criterion	7.155842
Sum squared resid	598935.5	Schwarz criterion	7.157591
Log likelihood	-28571.28	Hannan-Quinn criter.	7.156441
F-statistic	181.7164	Durbin-Watson stat	1.857141
Prob(F-statistic)	0.000000		

图 2.14 模型(2.3)的 OLS 估计结果

根据图 2.14 的结果可知,在全样本下年龄对收入的影响效应为 0.451 9,即年龄每增加 1 岁,将导致小时收入增加 0.451 9 美元。年龄对收入的影响效应在 1% 水平下显著(t 统计量的伴随概率 $p=0.000\ 0<0.01$),拟合优度为 0.022 254,因此年龄对收入的解释能力并不强。

对模型(2.3)补充作异方差稳健估计,结果如图 2.15 所示,可知 AGE 的系数在 1% 水平下显著。

(2) 根据式(2.2),斜率系数的置信区间为

$$[\beta_1 - t(1-\alpha, n) \cdot \text{SE}(\beta_1), \beta_1 + t(1-\alpha, n) \cdot \text{SE}(\beta_1)]$$

利用软件命令"scalar a1=@qtdist(0.975,7984)"查询到 95% 显著水平的 t 统计量临界值为 $a_1=1.96$;类似地,可以查询 90%、99% 显著水平的 t 统计量临界值为 $a_2=1.64$、$a_3=2.58$,计算得到各种显著水平下的置信区间分别为

90% 置信区间,(0.397 8, 0.506 0)

95% 置信区间,(0.387 3, 0.516 5)

99% 置信区间,(0.366 8, 0.536 9)

(3) 首先利用 Sample 命令进行数据筛选:单击软件的菜单命令"Sample",在对话框的"Sample range pairs(or sample object to copy)"栏中填入"@all",在"IF condition(optional)"栏中填入"bachelor=0",如图 2.16 所示,然后单击"OK"按钮,即可得到所有的高中毕业生样本,共 4 673 个。

```
Dependent Variable: AHE
Method: Least Squares
Date: 05/17/17   Time: 11:13
Sample: 1 7986
Included observations: 7986
White heteroskedasticity-consistent standard errors & covariance
```

Variable	Coefficient	Std. Error	t-Statistic	Prob.
C	3.324184	0.965696	3.442267	0.0006
AGE	0.451931	0.032967	13.70846	0.0000

R-squared	0.022254	Mean dependent var		16.77115
Adjusted R-squared	0.022131	S.D. dependent var		8.758696
S.E. of regression	8.661234	Akaike info criterion		7.155842
Sum squared resid	598935.5	Schwarz criterion		7.157591
Log likelihood	-28571.28	Hannan-Quinn criter.		7.156441
F-statistic	181.7164	Durbin-Watson stat		1.857141
Prob(F-statistic)	0.000000	Wald F-statistic		187.9219
Prob(Wald F-statistic)	0.000000			

图 2.15　模型(2.3)的异方差稳健估计

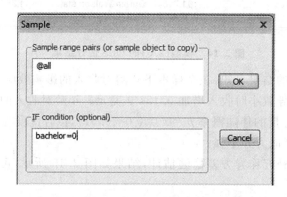

图 2.16　高中毕业生样本筛选对话框

利用筛选得到的样本重新对模型(2.3)进行 OLS 估计,结果如图 2.17 所示。

从图 2.17 中可知,对于高中毕业生样本,年龄对收入的影响效应为 0.582 9,即年龄每增加 1 岁,将导致高中毕业生的小时收入增加 0.582 9 美元。年龄对收入的影响效应在 1% 水平下显著(t 统计量的伴随概率 $p=0.000\ 0<0.01$),拟合优度为 0.032 210,和全样本相比,年龄对收入的解释能力有所增强。

(4) 利用 Sample 命令对数据重新进行筛选:在 EViews 软件的命令栏输入命令"smpl 1 7986",将数据样本还原到全样本,单击软件的菜单命令"Sample",再在对话框的"Sample range pairs(or sample object to copy)"栏中填入"@all",在"IF condition(optional)"栏中填入"bachelor=1",然后单击"OK"按钮,即可得到所有的大学毕业生样本,共 3 313 个。

利用筛选得到的样本重新对模型(2.3)进行 OLS 估计,结果如图 2.18 所示。

```
Dependent Variable: AHE
Method: Least Squares
Date: 05/17/17   Time: 11:44
Sample: 1 7986 IF BACHELOR=0
Included observations: 4673

Variable            Coefficient    Std. Error    t-Statistic    Prob.

C                   0.392095       1.400388      0.279990       0.7795
AGE                 0.582893       0.046750      12.46835       0.0000

R-squared           0.032210       Mean dependent var       17.77262
Adjusted R-squared  0.032003       S.D. dependent var       9.303580
S.E. of regression  9.153499       Akaike info criterion    7.266577
Sum squared resid   391367.0       Schwarz criterion        7.269338
Log likelihood      -16976.36      Hannan-Quinn criter.     7.267548
F-statistic         155.4599       Durbin-Watson stat       1.991167
Prob(F-statistic)   0.000000
```

图 2.17　模型(2.3)的高中毕业生样本估计

```
Dependent Variable: AHE
Method: Least Squares
Date: 05/17/17   Time: 14:57
Sample: 1 7986 IF BACHELOR=1
Included observations: 3313

Variable            Coefficient    Std. Error    t-Statistic    Prob.

C                   7.928097       1.358721      5.834969       0.0000
AGE                 0.250477       0.045581      5.495258       0.0000

R-squared           0.009038       Mean dependent var       15.35857
Adjusted R-squared  0.008739       S.D. dependent var       7.709970
S.E. of regression  7.676209       Akaike info criterion    6.914732
Sum squared resid   195098.0       Schwarz criterion        6.918418
Log likelihood      -11452.25      Hannan-Quinn criter.     6.916051
F-statistic         30.19786       Durbin-Watson stat       1.831877
Prob(F-statistic)   0.000000
```

图 2.18　模型(2.3)的大学毕业生样本估计

从图 2.18 中可知,对于大学毕业生样本,年龄对收入的影响效应为 0.250 5,即年龄每增加 1 岁,将导致大学毕业生的小时收入增加 0.2 505 美元。年龄对收入的影响效应在 1% 水平下显著（t 统计量的伴随概率 $p=0.000\ 0<0.01$),拟合优度为 0.009038,年龄对收入的解释能力很差。

(5) 该问题实际上是要检验假设

$$H_0: \beta_{1\_\text{Bachelor}=0} - \beta_{1\_\text{Bachelor}=1} = 0; H_1: \beta_{1\_\text{Bachelor}=0} - \beta_{1\_\text{Bachelor}=1} \neq 0$$

利用 t 检验法进行检验,t 统计量为

$$\frac{\hat{\beta}_{1\_\text{Bachelor}=0} - \hat{\beta}_{1\_\text{Bachelor}=1}}{\sqrt{[\text{SE}(\hat{\beta}_{1\_\text{Bachelor}=0})]^2 + [\text{SE}(\hat{\beta}_{1\_\text{Bachelor}=1})]^2}} \sim t(n_1 + n_2 - 2) \quad (2.4)$$

其中,SE 为标准差,n_1、n_2 为两组的样本数,$n_1 + n_2 = 7\ 986$。从图 2.17、图

2.18 中得到 $\beta_{1\_Bachelor=0}$、$\beta_{1\_Bachelor=1}$ 的标准差分别为 0.046 75、0.045 581，利用式(2.4)计算得到 $t=5.09>t(0.05,7984)=1.96$，由此可知，年龄对收入的影响对高中毕业生和对大学毕业生存在显著不同。

第3章
多元线性回归模型

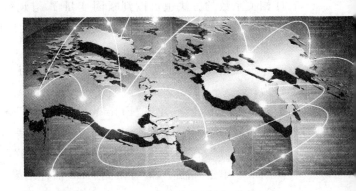

本章将首先介绍多元线性回归模型的 OLS 估计,再对多个回归系数进行联合检验、单约束检验,最后提供几个实验和案例分析。

3.1　多元线性回归模型及 OLS 估计

以变量 Y 为因变量,$X_1, X_2, \cdots, X_k$ 为解释变量的多元线性回归模型是指

$$Y_i = \beta_0 + \beta_1 X_{1i} + \beta_2 X_{2i} + \cdots + \beta_k X_{ki} + u_i \quad (i=1,2,\cdots,n) \tag{3.1}$$

其中下标 i 表示所有 n 个观测样本中的第 i 个。$Y_i = \beta_0 + \beta_1 X_{1i} + \beta_2 X_{2i} + \cdots + \beta_k X_{ki}$ 称为总体回归线,$\beta_0, \beta_1, \cdots, \beta_k$ 称为总体回归参数,u_i 为误差项。实际中通常以某个自变量为观察变量,其他自变量被称为控制变量。以下将以 X_1 为观察变量,$X_2, X_3, \cdots, X_k$ 为控制变量进行阐述。

与一元线性回归模型相似,建立多元线性回归模型之前,通过散点图观察或计算相关系数的方法也可以判断因变量 Y 与观察变量 X_1 之间的线性相关性,这将决定以 Y 为因变量、X_1 为观察变量建立线性回归基准模型是否可行,由此确定建立多元线性回归模型是否可行。

多元线性回归模型的 OLS 估计方法与一元线性回归模型相似,其操作步骤为:

单击"Quick"→单击"Estimate Equation"→在"Equation Specification"对话框中填入回归方程形式"y c x1 x2 ⋯ xk"或"y=c(1)+c(2)*x1+c(3)*x2+⋯+c(k+1)*xk",在"Method"对话框中选择"LS","sample""Option"对话框中全部选择默认→单击"确定",即可得到 OLS 估计结果。

在命令栏输入命令"equation eq01.ls y=c(1)+c(2)*x1+c(3)*x2+⋯+c(k+1)*xk"或"equation eq01.ls y c x1 x2 ⋯ xk",也可以得到 OLS 估计结果,方程已经被命名为 eq01 并被保存在工作文件中。如果不需要给方程命名,也可以输入命令"ls y=c(1)+c(2)*x1+c(3)*x2+⋯+c(k+1)*xk"或"ls y c x1 x2 ⋯ xk",此时估计结果没有得到保存,当关闭估计结果界面时,软件会提示是否保存。

3.2　多元线性回归模型系数的联合检验

多元线性回归模型单个系数的显著性检验、置信区间与一元线性回归模型完全一样,但与一元线性回归模型不同的是,多元线性回归模型很多情况下需要做回归系数的联合假设检验。

联合假设是指对回归系数施加两个或两个以上约束的假设:

$$H_0: \beta_j = \beta_{j,0}, \beta_m = \beta_{m,0}, \cdots,共有 q 个约束;$$
$$H_1: H_0 的 q 个约束中至少有一个不成立$$

其中 $\beta_j, \beta_m, \cdots$ 表示不同的回归系数,$\beta_{j,0}, \beta_{m,0}, \cdots$ 表示原假设下这些系数的取值。

对多元线性回归模型联合假设的检验可以对所有系数逐个采用 t 检验法,但 t 检验的临界值不再是一元线性回归模型中使用的临界值,而是采用了邦弗伦尼(Bonferroni)提供的临界值,该临界值克服了逐个系数进行 t 检验时拒绝原假设时犯错概率大于 5% 的问题。但这种方法通常效果不佳,常常在备择假设(H_1)为真时无法拒绝原假设(H_0)。

实际中常用 F 检验法来检验联合假设。以两个回归系数的联合假设检验为例,对模型(3.1)检验假设

$$H_0: \beta_1 = \beta_2 = 0$$
$$H_1: \beta_1 \neq 0,或 \beta_2 \neq 0,或 \beta_1 \neq 0 且 \beta_2 \neq 0$$

需要区分模型是否存在异方差问题。以下分别给出同方差和异方差情况下的联合检验。

3.2.1 同方差假设下的联合检验

在模型(3.1)不存在异方差问题时,其 F 联合检验的步骤如下。

(1) 设定两个模型。

无约束模型(UR):$Y_i = \beta_0 + \beta_1 X_{1i} + \beta_2 X_{2i} + \cdots + \beta_k X_{ki} + u_i$ $(i=1,2,\cdots,n)$

约束模型(R):$Y_i = \beta_0 + \beta_3 X_{3i} + \beta_4 X_{4i} + \cdots + \beta_k X_{ki} + u_i$ $(i=1,2,\cdots,n)$

(2) 利用公式

$$F = \frac{(R_{UR}^2 - R_R^2)/q}{(1-R_{UR}^2)/(n-k-1)} \tag{3.2}$$

计算 F 统计量,此时约束个数 $q=2$,R^2 为拟合优度。大样本下 F 近似服从分布 $F(q,\infty)$。如果 $p=0.05$ 显著水平下,F 统计量大于 F 统计临界值 $F_{0.05}(q,\infty)$,则拒绝原假设 H_0,接受备择假设 H_1,此时 X_1、X_2 对解释 Y 的变化有显著作用;若 F 统计量小于 F 统计临界值 $F_{0.05}(q,\infty)$,则拒绝备择假设 H_1,接受原假设 H_0,此时 X_1、X_2 对解释 Y 的变化没有显著作用。

以上检验可以通过 EViews 软件中的 Wald 检验完成,操作步骤如下:

对无约束模型(UR)进行 OLS 回归,在回归结果界面,单击 View/Coefficient Diagnostics/Wald Test-Coefficient Restrictions,在对话框中填入"c(2)=0,c(3)=0",然后单击"OK"按钮,得到检验结果,如图 3.1 所示。

图 3.1 的检验结果中给出了 F 统计值(Value)和伴随概率(Probability),若伴

```
┌─────────────────────────────────────────────────────────────┐
│ ▤ Equation: UNTITLED    Workfile: 教材::Untitled\    _ □ ×  │
│ View  Proc  Object │ Print  Name  Freeze │ Estimate Forecast Stats Resids │
├─────────────────────────────────────────────────────────────┤
│ Wald Test:                                                  │
│ Equation: Untitled                                          │
│                                                             │
│ Test Statistic          Value          df       Probability │
│                                                             │
│ F-statistic          8.010126       (2, 416)       0.0004   │
│ Chi-square           16.02025           2          0.0003   │
│                                                             │
│                                                             │
│ Null Hypothesis: C(2)=C(3)=0                                │
│ Null Hypothesis Summary:                                    │
│                                                             │
│ Normalized Restriction (= 0)         Value        Std. Err. │
│                                                             │
│ C(2)                               -0.286399       0.480523 │
│ C(3)                                3.867902       1.412122 │
│                                                             │
│ Restrictions are linear in coefficients.                    │
└─────────────────────────────────────────────────────────────┘
```

图 3.1 联合假设检验(Wald 方法)

随概率大于 0.05,则说明 $p=0.05$ 概率水平下,接受原假设 H_0;若伴随概率小于 0.05,则在 $p=0.05$ 概率水平下接受备择假设 H_1。

3.2.2 异方差假设下的联合检验

若无法否定模型(3.1)的异方差问题时,联合检验的步骤与同方差假设下相同,只是需要用不同的公式计算 F 统计量。

异方差假设下的 F 统计量计算公式为

$$F = \frac{1}{2}\left(\frac{t_1^2 + t_2^2 - 2\rho_{t_1,t_2} t_1 t_2}{1 - \rho_{t_1,t_2}^2}\right) \tag{3.3}$$

其中 t_1、t_2 分别为参数 β_1、β_2 显著性检验的 t 统计量,ρ_{t_1,t_2} 为 t_1、t_2 相关系数的估计量。大样本时,F 统计量近似服从分布 $F(q,\infty)$,此处 $q=2$。在概率水平 p 下比较 F 统计量与临界值 $F_p(q,\infty)$ 的大小,如果 F 统计量大于 F 统计临界值 $F_p(q,\infty)$,则原假设 H_0 不成立,假设 H_1 成立;否则原假设 H_0 成立。

EViews 软件的 F 联合检验默认为同方差,但是这在经济实际中并不现实。实际检验时,为了避免在同方差或异方差问题上犯错(即错误地拒绝了原假设 H_0),我们可以采取更为严谨的策略,即在异方差假设下进行联合检验。实际上,异方差假设下 F 统计量一般比同方差假设下的 F 统计量小,如果异方差假设下的 F 检验拒绝了原假设 H_0,则在同方差假设下也一定可以拒绝原假设 H_0。

在异方差假设下,同样可以利用 EViews 软件的 Wald 方法进行 F 联合检验,其操作步骤如下:

对模型（3.1）进行 OLS 估计，在估计选项"Options"中的"Coefficient Covariance Matrix"对话框下选择"White"进行异方差稳健估计，其他选择默认→单击"确定"→在估计结果界面，单击 View/Coefficient Diagnostics/Wald Test-Coefficient Restrictions→在对话框中填入"c(2)=0,c(3)=0"→单击"OK"，得到检验结果，如图 3.2 所示。

通过对比图 3.1、图 3.2 可以看出，异方差假设下的 F 统计量比同方差假设下的 F 统计量小，因此异方差假设下的 F 检验拒绝原假设的要求更高一些。

```
Equation: UNTITLED    Workfile: 教材::Untitled\
View Proc Object Print Name Freeze Estimate Forecast Stats Resids

Wald Test:
Equation: Untitled

Test Statistic       Value        df        Probability

F-statistic        5.433727     (2, 416)      0.0047
Chi-square        10.86745         2          0.0044

Null Hypothesis: C(2)=C(3)=0
Null Hypothesis Summary:

Normalized Restriction (= 0)      Value       Std. Err.

C(2)                            -0.286399     0.482073
C(3)                             3.867902     1.580722

Restrictions are linear in coefficients.
```

图 3.2　异方差假设下的联合假设检验(Wald 方法)

3.3　多元线性回归模型多系数的单约束检验

有时候经济理论表明单个约束可能涉及多个系数，例如，假设理论研究表明模型(3.1)中存在原假设 $\beta_1 = \beta_2$，即模型(3.1)中 X_1 和 X_2 对 Y 的影响效应相同，此时需要对假设

$$H_0:\beta_1 = \beta_2;H_1:\beta_1 \neq \beta_2$$

进行检验，该假设检验中约束的个数为 1，但涉及两个变量。

对上述假设可以通过模型变换的方法进行检验，也可以用 F 检验的方法，与联合检验方法类似。例如，在同方差假设下，设定两个模型。

无约束模型(UR)：$Y_i = \beta_0 + \beta_1 X_{1i} + \beta_2 X_{2i} + \cdots + \beta_k X_{ki} + u_i \quad (i=1,2,\cdots,n)$

约束模型(R)：$Y_i = \beta_0 + \beta_1(X_{1i} + X_{2i}) + \beta_3 X_{3i} \cdots + \beta_k X_{ki} + u_i \quad (i=1,2,\cdots,n)$

然后利用式(3.2)计算 F 统计量，该 F 统计量在大样本下近似服从 $F(1,\infty)$，在概率水平 p 下比较 F 统计量与临界值 $F_p(1,\infty)$ 的大小，如果 F 统计量大于 F 统计临界值 $F_p(1,\infty)$，则拒绝原假设 H_0，接受备择假设 H_1；否则接受原假设 H_0 成立。

类似地，也可以利用 Wald 方法进行上述检验，操作步骤如下：

对无约束模型(UR)进行 OLS 回归→在回归结果界面，单击 View/Coefficient Diagnostics/Wald Test-Coefficient Restrictions→在对话框中填入"c(2)=c(3)"→单击"OK"，得到检验结果。

利用 Wald 方法还可以对诸如 $\beta_1+\beta_2=a,\beta_1+\beta_2+\beta_3=a,\beta_1=a\beta_2$（$a$ 为常数）等问题进行检验，步骤同上，在单击 View/Coefficient Diagnostics/Wald Test-Coefficient Restrictions 后，分别在对话框中填入"c(2)+c(3)=a""c(2)+c(3)+c(4)=a""c(2)=a*c(3)"。

多元线性回归模型的预测及残差分析与一元线性回归模型完全相同，本书不再赘述。

3.4 遗漏变量及遗漏变量偏差

经济变量的影响因素通常较多，在建立多元线性回归模型时，我们不可能把所有因素都纳入模型中，而只是选取了主要的影响变量，因此在多元线性回归模型中，变量的遗漏不可避免。有些影响因素被忽略之后对模型的影响不大，模型的估计和预测仍然有效。但是有一些变量被忽略之后，会影响到模型的有效性，此时系数的估计有可能是非一致且存在遗漏变量偏差的。

假设模型(3.1)中主要的观察变量为 X_1，被遗漏的变量 Z 是否会产生较大影响取决于两个条件：

① Z 是 Y 的一个决定因素（即 Z 包含在 u 中）；

② Z 与 X_1 相关。

当两个条件同时满足时，Z 的遗漏将会使 X_1 的系数 β_1 产生估计偏差，偏差大小为

$$\hat{\beta}_1 - \beta_1 \xrightarrow{p} \rho_{X_1,u} \frac{\sigma_u}{\sigma_{X_1}} \tag{3.4}$$

其中 $\rho_{X_1,u}$ 为 X_1 与误差项 u 的相关系数，σ_u、σ_{X_1} 分别为 u 与 X_1 的标准差。由于标准差为非 0 正数，因此 Z 的遗漏是否导致 β_1 产生估计偏差，主要取决于 X_1 与误差项 u 的相关系数的大小（即 X_1 之所以与误差项 u 相关，是否主要源于变量

Z 的遗漏)。当相关性很弱,即 $\rho_{X_1,u}$ 很小时,偏差可以被忽略,此时遗漏变量 Z 对模型影响不大。

对于遗漏变量偏差的处理,通常需要尽可能找出遗漏变量,或加入足够的控制变量。当有足够多的控制变量时,我们可以按照以下步骤设计模型:

识别观察变量→寻找遗漏变量→在回归方程中引入遗漏变量和控制变量→列表描述和比较估计结果→选择最合适的模型。

但是,如果控制变量并不充足,此时只有改变数据类别(比如使用面板数据)、改变估计方法(工具变量回归)或改变研究方法。

3.5 实验教程

本节共包括 2 个实验:
实验 1 多元线性回归重要指标的计算。
实验 2 多元线性回归模型的估计、检验和残差分析。

实验 1 多元线性回归重要指标的计算

实验目的:了解线性回归估计中重要指标的意义和作用,能利用 EViews 软件进行计算和验证,为今后的学习和实践打下基础。

实验仪器、工具、材料:计算机、EViews 软件(3.0 及以上版本)、数据集 Caschool(美国加利福尼亚州 420 个小学学区在 1999 年的测试成绩和班级规模的数据。数据来源:詹姆斯·H. 斯托克,马克·W. 沃森. 计量经济学[M]. 3 版. 沈根祥,孙燕,译. 上海:格致出版社,2012.)。

实验学时及要求:1 学时,将主要实验结果保存到 Word 文档中。

实验内容及步骤如下。

(1) 以数据集中的 testscr 为因变量、str 为观察变量、el_pct 为控制变量建立多元线性回归模型,用 EViews 软件进行 OLS 估计,得到表格形式表达的估计结果。

(2) 了解 t 统计量、参数估计值、标准差之间的关系,以 str、el_pct 的指标为例试着用三个指标中的两个计算第三个指标。

(3) 了解 t 统计量的伴随概率的作用及计算方法,以 str、el_pct 为例验证伴随概率。

提示:大样本下,伴随概率 $p=2\Phi(-|t|)$,Φ 为标准正态分布的分布函数。利用 EViews 命令"scalar p=2*@cnorm(x)"可以得到伴随概率,其中 x 为 $-|t|$。

(4) 了解拟合优度 R^2 和校正的拟合优度 $\overline{R^2}$ 的计算方法,在此基础上验证 R^2

和 $\overline{R^2}$ 之间的关系。

提示:利用 EViews 命令"scalar ssr = @ ssr""scalar testscr_mean = @ meandep"可以分别得到回归的残差平方和 SSR、testscr 的平均值 testscr_mean,利用"scalar tss=(testscr-testscr_mean)^2"可以得到因变量的总离差平方和 TSS,由此可以计算 R^2 和 $\overline{R^2}$。

(5) 了解回归方程 F 统计量的意义及计算方法,利用软件计算 F 统计量。

提示:对无约束模型(UR):$testscr_i = \beta_0 + \beta_1 str_i + \beta_2 el\_pct_i + u_i (i=1,2,\cdots,420)$ 和约束模型(R):$testscr_i = \beta_0 + u_i (i=1,2,\cdots,420)$,利用公式(2.3)计算得到 F 统计量。

(6) 了解 F 统计量的伴随概率的意义和作用,利用软件获取 F 统计量的伴随概率。

提示:利用命令"scalar p=@fdist(x,q,n)"可以得到 F 统计的伴随概率 p,其中 x 为 F 统计量,q 为约束个数 2,n 为 UR 方程的自由度(420-3=417)。

实验 2 多元线性回归模型的估计、检验和残差分析

实验目的:熟悉多元线性回归参数的多系数联合检验和单约束检验,了解回归残差的基本特性。

实验仪器、工具、材料:计算机、EViews 软件(3.0 及以上版本)、数据集 Caschool(美国加利福尼亚州 420 个小学学区在 1999 年的测试成绩和班级规模的数据。数据来源:詹姆斯·H.斯托克,马克·W.沃森.计量经济学[M].3 版.沈根祥,孙燕,译.上海:格致出版社,2012.)。

实验学时及要求:1 学时,将主要实验结果保存到 Word 文档中。

实验内容及步骤如下。

(1) 以数据集中的 testscr 为因变量,str 为观察变量,el_pct、meal_pct、avginc 为控制变量建立多元线性回归模型,用 EViews 软件分别进行 OLS 估计和稳健 OLS 估计,在工作文件中保存回归残差为 resid1(提示:两次估计的残差完全一样),保存估计结果为 EQ01 和 EQ02。基于表格形式表达的估计结果比较两种回归估计的差别。

(2) 了解以下假设检验的意义并分别予以检验:

① el_pct、meal_pct、avginc 都对 testscr 没有影响。

② el_pct、meal_pct 对 testscr 的影响效应相同。

③ meal_pct、avginc 对 testsscr 的影响效应总和为 0。

④ meal_pct 对 testscr 的影响是 el_pct 的 2 倍。

(提示:①为联合检验,②③④为单个约束检验。在稳健 OLS 估计前提下进行

Wald 约束检验,或变换模型后用 t 检验)。

(3) 了解回归残差的统计特征:

① 打开残差序列 resid1 观察数据特征,作出折线图观察其走势;

② 利用"Discriptive Statistics & Tests"中的"Histogram and Stats"观察数据,了解其分布特征(期望、方差、中值),判断其是否符合正态分布;

③ 利用"Discriptive Statistics & Tests"中的"Simple hypothesis tests"检验残差的期望是否为 0。

(4) 作出残差序列的分布密度曲线,要求采用"柱状图＋Theoretical Density 曲线＋Kernel Density 曲线"的形式,比较两种密度曲线的差别。

3.6 综合案例分析

本节包括两个案例:

案例 1 课程评价与教授容貌的关系。

案例 2 教育时间与上学距离的关系。

案例 1 课程评价与教授容貌的关系

利用数据集 TeachingRatings,完成以下练习,各变量的意义如表 3.1 所示。

表 3.1 数据集 TeachingRatings 的变量定义

变量	定义
Course Overall	教学评价分数,取值范围为 1(非常不满意)～5(优秀)
Beauty	教师外貌评级,评级数据经过变换后具有 0 均值
Female	性别模拟变量,如果教师为女性则取 1,为男性则取 0
Minority	少数民族虚拟变量,如果教师不是白人则取 1,是白人则取 0
Non-native English	语言模拟变量,如果教师非母语为英语则取 1,为英语则取 0

续表

变量	定义
intro	基础课程虚拟变量,如果课程为基础课(主要对新生或二年级开设)则取 1,非基础课则取 0
onecredit	选修课程虚拟变量,如果课程为选修课(比如瑜伽、舞蹈等)则取 1,非选修课则取 0
age	教师的年龄,单位为岁

(1) 建立 COURSE_EVAL(课程评价)对 BEAUTY(教授容貌)的回归,其中斜率的估计值是多少?

(2) 建立 Course_Eval 对 Beauty 的回归,并在其中加入其他控制课程类型和教授特征的回归变量:Intro(基础课(新生或二年级课程)=1),OneCredit(选修课=1),Female(女性=1),Minority(非白人=1)以及 NNEnglish(母语非英语=1)。此时 BeauTY 对 Course_Eval 效应的估计值是多少?(1)中的回归存在遗漏变量偏差吗?

(3) 史密斯教授是一位相貌中等且讲英语的黑人男性,他讲授一门三个学分的高年级课程,预测史密斯教授的课程评价。

(4) 利用(2)验证弗里希-沃定理。

多元线性回归模型 $Y_i = \beta_0 + \beta_1 X_{1i} + \beta_2 X_{2i} + \cdots + \beta_k X_{ki} + u_i (i=1,2,\cdots,n)$ 中 β_1 的 OLS 估计量可以由下述三步计算得到:①建立 X_1 关于 $X_2, X_3, \cdots, X_k$ 的回归,v 为回归残差;②建立 Y 关于 $X_2, X_3, \cdots, X_k$ 的回归,w 为回归残差;③建立 w 关于 v 的回归。则③中斜率的 OLS 估计量与 β_1 的 OLS 估计量相等。

(案例和数据来源:詹姆斯·H. 斯托克,马克·W. 沃森. 计量经济学[M]. 3版. 沈根祥,孙燕,译. 上海:格致出版社,2012.)

本案例分析如下:

首先打开数据集了解变量,部分数据如表 3.2 所示。数据集中共有 MINORITY、AGE、FEMALE、ONECREDIT、BEAUTY、COURSE_EVAL、INTRO、NNENGLISH 等 8 个变量,每个变量共有 463 个样本。这些变量中 INTRO、ONECREDIT、FEMALE、MINORITY、NNENGLISH 均为虚拟变量。

(1) 该问题实际上是要以 COURSE_EVAL 为因变量、以 BEAUTY 为自变量建立一个一元线性回归模型

$$\text{COURSE\_EVAL}_i = \beta_0 + \beta_1 \text{BEAUTY}_i + u_i \tag{3.5}$$

表 3.2　数据集 TeachingRatings

	A	B	C	D	E	F	G	H
1	MINORITY	AGE	FEMALE	ONECREDIT	BEAUTY	COURSE_EVAI	INTRO	NNENGLISH
2	1	36	1	0	0.289916	4.3	0	0
3	0	59	0	0	-0.73773	4.5	0	0
4	0	51	0	0	-0.57198	3.7	0	0
5	0	40	1	0	-0.67796	4.3	0	0
6	0	31	1	0	1.509794	4.4	0	0
7	0	62	0	0	0.588569	4.2	0	0
8	0	33	1	0	-0.126	4	0	0
9	0	51	1	0	-0.25819	3.4	0	0
10	0	33	1	0	0.149693	4.5	0	0
11	0	47	0	0	0.540917	3.9	0	0
12	1	35	0	0	0.231613	3.1	0	1
13	0	37	0	0	-0.06667	4	0	0
14	0	42	0	0	0.216892	3.8	0	0
15	0	49	0	0	-0.2587	3.4	0	1
16	0	37	1	0	0.550288	2.9	0	0
17	0	45	0	0	-0.06204	4.5	0	0
18	0	56	1	0	-0.98239	4	0	0
19	0	48	0	0	-0.05434	3.8	1	0
20	0	46	1	0	-0.06801	4.3	0	0

并进行 OLS 估计。

将变量 COURSE_EVAL、BEAUTY 的数据读入工作文件,对模型(3.5)进行 OLS 估计,结果如图 3.3 所示。以 Representations 方式输出 OLS 估计结果,可以得到方程的估计形式

$$COURSE\_EVAL = 3.9982721299 + 0.133001448287 * BEAUTY$$

由此可得斜率的估计值(解释变量 BEAUTY 的系数)约为 0.133。

观察图 3.3,可以发现回归的拟合优度约为 0.036,说明方程的解释能力较差。但解释变量 BEAUTY 是显著的,因为其 t 统计值为 4.133,大于 5% 临界值 1.96,且伴随概率小于 0.05。

(2) 在一元线性回归的基础上引入控制变量 INTRO、ONECREDIT、FEMALE、MINORITY 以及 NNENGLISH,从而构建了多元线性回归模型

$$COURSE\_EVAL_i = \beta_0 + \beta_1 BEAUTY_i + \beta_2 INTRO_i + \beta_3 ONECREDIT_i \\ + \beta_4 FEMALE_i + \beta_5 MINORITY_i + \beta_6 NNENGLISH_i + u_i$$

(3.6)

对模型(3.6)进行 OLS 估计,结果如图 3.4 所示。

从图 3.4 可知,BEAUTY 对 COURSE_EVAL 效应的估计值约为 0.166。和(1)相比,回归拟合优度大幅增加;效应估计值由 0.133 提高到 0.166,变化显著,说明(1)中 BEAUTY 对 COURSE_EVAL 效应的估计偏小,其原因之一是存在遗漏

```
Dependent Variable: COURSE_EVAL
Method: Least Squares
Date: 04/05/17   Time: 10:19
Sample: 1 463
Included observations: 463

Variable              Coefficient   Std. Error    t-Statistic    Prob.

C                     3.998272      0.025349      157.7272       0.0000
BEAUTY                0.133001      0.032178      4.133368       0.0000

R-squared             0.035736      Mean dependent var          3.998272
Adjusted R-squared    0.033644      S.D. dependent var          0.554866
S.E. of regression    0.545452      Akaike info criterion       1.629905
Sum squared resid     137.1556      Schwarz criterion           1.647779
Log likelihood        -375.3231     Hannan-Quinn criter.        1.636942
F-statistic           17.08473      Durbin-Watson stat          1.410317
Prob(F-statistic)     0.000042
```

图 3.3　模型(3.5)OLS 估计结果

```
Variable              Coefficient   Std. Error    t-Statistic    Prob.

C                     4.068289      0.037543      108.3636       0.0000
BEAUTY                0.165610      0.030730      5.389269       0.0000
INTRO                 0.011325      0.054478      0.207883       0.8354
ONECREDIT             0.634527      0.111339      5.699050       0.0000
FEMALE                -0.173477     0.049279      -3.520306      0.0005
MINORITY              -0.166615     0.076278      -2.184307      0.0294
NNENGLISH             -0.244161     0.106958      -2.282780      0.0229

R-squared             0.154650      Mean dependent var          3.998272
Adjusted R-squared    0.143527      S.D. dependent var          0.554866
S.E. of regression    0.513505      Akaike info criterion       1.519889
Sum squared resid     120.2415      Schwarz criterion           1.582447
Log likelihood        -344.8544     Hannan-Quinn criter.        1.544517
F-statistic           13.90356      Durbin-Watson stat          1.516140
Prob(F-statistic)     0.000000
```

图 3.4　模型(3.6)OLS 估计结果

变量偏差。

遗漏变量偏差分析:问题(1)利用一元线性回归模型来研究 BEAUTY 对 COURSE_EVAL 的影响效应,该模型中解释变量仅有 BEAUTY,而 COURSE_EVAL 的其他影响因素都被忽略,这些被忽略的影响因素最后会在误差项中得到反映。当某变量 Z 被忽略,且满足"Z 是 COURSE_EVAL 的决定因素,且 Z 与 BEAUTY"时,将会产生遗漏变量偏差,偏差方向取决于 Z 与 BEAUTY 是正相关还是负相关。

(3) 根据相貌中等、讲英语、黑人、男性、讲授三个学分的高年级课程等信息,我们可以对多元回归模型中的变量赋值:BEAUTY=0,INTRO=0,ONECREDIT=0,FEMALE=0,MINORITY=1,NNENGLISH=0,由图 3.4 的估计结果可计

算出

$$COURSE\_EVAL = 4.068\,289 - 0.166\,615 \approx 3.902$$

（4）该定理的证明详见《计量经济学导论》（伍德里奇. 计量经济学导论[M]. 4 版. 北京：中国人民大学出版社，2010）。验证弗里希-沃定理的过程如下。

①以 BEAUTY 为因变量，INTRO、ONECREDIT、FEMALE、MINORITY、NNENGLISH 为自变量，建立多元线性回归模型

$$BEAUTY_i = \beta_0 + \beta_1 INTRO_i + \beta_2 ONECREDIT_i + \beta_3 FEMALE_i \\ + \beta_4 MINORITY_i + \beta_5 NNENGLISH_i + u_i \quad (3.7)$$

并进行 OLS 估计，得到回归残差 resid，以命令"genr v=resid"将残差序列记为 v 并保存在工作文件中，以免随后的回归改变了该残差。

②以 COURSE_EVAL 为因变量，INTRO、ONECREDIT、FEMALE、MINORITY、NNENGLISH 为自变量，建立多元回归模型

$$COURSE\_EVAL_i = \beta_0 + \beta_1 INTRO_i + \beta_2 ONECREDIT_i + \beta_3 FEMALE_i \\ + \beta_4 MINORITY_i + \beta_5 NNENGLISH_i + u_i \quad (3.8)$$

并进行 OLS 估计，得到回归残差 resid，以命令"genr w=resid"将残差序列记为 W 并保存在工作文件中。

③以 W 为因变量，V 为自变量建立一元线性回归模型

$$W_i = \alpha_0 + \alpha_1 V_i + \varepsilon_i \quad (3.9)$$

并进行 OLS 估计，得到回归结果如图 3.5 所示。

```
Dependent Variable: W
Method: Least Squares
Date: 04/10/17   Time: 11:24
Sample: 1 463
Included observations: 463
```

Variable	Coefficient	Std. Error	t-Statistic	Prob.
C	-1.31E-15	0.023735	-5.54E-14	1.0000
V	0.165610	0.030562	5.418735	0.0000

R-squared	0.059880	Mean dependent var	-1.30E-15
Adjusted R-squared	0.057840	S.D. dependent var	0.526156
S.E. of regression	0.510713	Akaike info criterion	1.498291
Sum squared resid	120.2415	Schwarz criterion	1.516165
Log likelihood	-344.8544	Hannan-Quinn criter.	1.505327
F-statistic	29.36269	Durbin-Watson stat	1.516140
Prob(F-statistic)	0.000000		

图 3.5 模型(3.9)OLS 估计结果

④比较图 3.4、图 3.5 可知，图 3.4 中的 BEAUTY 的系数与图 3.5 中 V 的系数估计结果完全一样。经过验证，弗里希-沃定理成立。

案例 2 教育时间与上学距离的关系

利用数据集 CollegeDistance 完成以下练习,各变量的意义如表 3.3 所示。

表 3.3 数据集 CollegeDistance 的变量定义

变 量	定 义
yrsed	完成教育的年限
female	性别虚拟变量,如果为女性则取 1,为男性则取 0
black	肤色虚拟变量,如果为黑人则取 1,非黑人则取 0
hispanic	西班牙裔虚拟变量,如果为西班牙裔则取 1,非西班牙裔则取 0
bytest	基年综合测评分数(案例中指高中毕业班学生综合测评分数)
dadcoll	父亲教育背景模拟变量,如果父亲为大学毕业则取 1,否则取 0
momcoll	母亲教育背景模拟变量,如果母亲为大学毕业则取 1,否则取 0
incomehi	家庭收入虚拟变量,如果家庭年收入多于 25 000 美元则取 1,否则取 0
ownhome	家庭房产虚拟变量,如果家庭拥有房产则取 1,否则取 0
urban	学校区位虚拟变量,如果学校在市区则取 1,否则取 0
cue80	县 1980 年的失业率
stwmfg80	州 1980 年制造业的小时工资
dist	Distance from 4yr College in 10's of miles
tuition	Avg. State 4yr College Tuition in $1000's

(1) 建立 YRSED(完成教育年数)对 DIST(到最近大学的距离)的一元线性回归,DIST 对 YRSED 的效应估计值是多少?

(2) 建立 YRSED 对 DIST 的回归,并在其中加入控制学生特征、学生家庭及当地劳动市场的变量:BYTEST, FEMALE, BLACK, HISPANIC, INCOMEHI, OWNHOME, DADCOLL, CUE80, STWMFG80。此时 DIST 对 YRSED 的效应估计值是多少?

(3) 比较(1)和(2),DIST 对 YRSED 的效应估计值有很大差别吗? 由此能否说明(1)中的回归存在严重的遗漏变量偏差?

(4) 利用回归标准差、拟合优度 R^2、校正的拟合优度 $\overline{R}^2$ 比较(1)和(2)中回归的拟合效果。为什么(2)中的 R^2 和 $\overline{R}^2$ 非常接近?

(5) 鲍勃是一位黑人,他所在的高中离最近的大学有 20 英里(1 英里≈1 609.34 米);他第 1 年的综合成绩为 58;1980 年他的家庭收入为 26 000 美元,且他家拥有一套房子;他的母亲上过大学,但父亲没有;他所在的县失业率为 7.5%,且州内制造业平均小时工资为 9.75 美元。利用(2)中的回归预测鲍勃将会完成的教育年数。

（案例和数据来源：詹姆斯·H. 斯托克，马克·W. 沃森. 计量经济学[M]. 3版. 沈根祥，孙燕，译. 上海：格致出版社，2012.）

表 3.4 数据集 CollegeDistance

	A	B	C	D	E	F	G	H	I	J	K	L	M	N
1	female	black	hispanic	bytest	dadcoll	momcoll	ownhome	urban	cue80	stwmfg80	dist	tuition	yrsed	incomehi
2	0	0	0	39.15	1	0	1	1	6.2	8.09	0.2	0.88915	12	1
3	1	0	0	48.87	0	0	1	1	6.2	8.09	0.2	0.88915	12	0
4	0	0	0	48.74	0	0	1	1	6.2	8.09	0.2	0.88915	12	0
5	0	1	0	40.4	0	0	1	1	6.2	8.09	0.2	0.88915	12	0
6	1	0	0	40.48	0	0	1	1	5.6	8.09	0.4	0.88915	13	0
7	0	0	0	54.71	0	0	1	1	5.6	8.09	0.4	0.88915	12	0
8	0	0	0	56.07	0	0	1	0	7.2	8.85	0.4	0.84988	13	0
9	1	0	0	54.85	0	0	1	0	7.2	8.85	0.4	0.84988	15	0
10	0	0	0	64.74	1	0	1	0	5.9	8.09	3	0.88915	13	0
11	0	0	0	56.06	0	0	1	0	5.9	8.09	3	0.88915	15	0
12	1	0	0	42.22	0	0	1	0	5.9	8.09	3	0.88915	12	0
13	1	1	0	61.18	0	1	0	1	5.9	8.09	3	0.88915	14	1
14	0	0	0	59.85	0	0	1	0	7.2	8.85	0.1	0.84988	15	0
15	1	0	0	58.77	1	0	1	0	7.2	8.85	0.1	0.84988	17	1
16	1	1	0	53.72	1	1	1	0	7.2	8.85	0.1	0.84988	14	0
17	0	0	0	61.52	0	0	1	0	7.2	8.85	0.1	0.84988	15	0
18	1	0	0	52.53	0	0	1	0	7.2	8.85	0.1	0.84988	12	0
19	0	0	0	45.01	0	0	1	0	7.2	8.85	0.1	0.84988	12	0
20	1	0	0	57.71	0	0	1	0	7.2	8.85	0.1	0.84988	16	0

本案例分析如下。

首先观察数据集（部分数据如表 3.4 所示）。数据集共包括 3 796 个观察值、14 个变量，其中 FEMALE、BLACK、HISPANIC、DADCOLL、MOMCOLL、OWNHOME、URBAN、INCOMEHI 等 8 个虚拟变量，BYTEST、CUE80、STWMFG80、DIST、TUITION、YRSED 等 6 个变量为实际变量。新建 EViews 文件，单击 File/Import/Import from file 将所有数据读入文件。

（1）以 YRSED 为因变量、DIST 为自变量建立一元线性回归模型

$$YRSED = \beta_0 + \beta_1 DIST + u \tag{3.10}$$

并进行 OLS 回归，结果如图 3.6 所示。从图中观察可知，DIST 对 YRSED 的效应估计值为 -0.073。

（2）在模型（3.10）的基础上，加入控制变量：BYTEST，FEMALE，BLACK，HISPANIC，INCOMEHI，OWNHOME，DADCOLL，CUE80，STWMFG80，构建多元线性回归模型

$$\begin{aligned}YRSED = & \beta_0 + \beta_1 DIST + \beta_2 BYTEST + \beta_3 FEMALE + \beta_4 BLACK \\ & + \beta_5 HISPANIC + \beta_6 INCOMEHI + \beta_7 OWNHOME + \beta_8 DADCOLL \\ & + \beta_9 CUE80 + \beta_{10} STWMFG80 + u\end{aligned}$$

$$(3.11)$$

利用数据进行 OLS 回归估计，结果如图 3.7 所示。从图 3.7 中可知，DIST 对 YRSED 的效应估计值约为 -0.032。

（3）比较（1）和（2）的结果可知，在模型（3.10）的基础上加入 9 个控制变量后，

```
Dependent Variable: YRSED
Method: Least Squares
Date: 04/10/17   Time: 18:12
Sample: 1 3796
Included observations: 3796
```

Variable	Coefficient	Std. Error	t-Statistic	Prob.
C	13.95586	0.037724	369.9451	0.0000
DIST	-0.073373	0.013750	-5.336274	0.0000

R-squared	0.007450	Mean dependent var		13.82929
Adjusted R-squared	0.007188	S.D. dependent var		1.813969
S.E. of regression	1.807438	Akaike info criterion		4.022224
Sum squared resid	12394.36	Schwarz criterion		4.025513
Log likelihood	-7632.182	Hannan-Quinn criter.		4.023393
F-statistic	28.47582	Durbin-Watson stat		1.768991
Prob(F-statistic)	0.000000			

图 3.6 模型(3.10)的 OLS 估计结果

```
Dependent Variable: YRSED
Method: Least Squares
Date: 04/10/17   Time: 18:23
Sample: 1 3796
Included observations: 3796
```

Variable	Coefficient	Std. Error	t-Statistic	Prob.
C	8.827518	0.250278	35.27083	0.0000
DIST	-0.031539	0.012370	-2.549555	0.0108
BYTEST	0.093820	0.003162	29.66931	0.0000
FEMALE	0.145408	0.050589	2.874308	0.0041
BLACK	0.367971	0.071363	5.156331	0.0000
HISPANIC	0.398520	0.074462	5.352011	0.0000
INCOMEHI	0.395198	0.060531	6.528878	0.0000
OWNHOME	0.152131	0.066807	2.277160	0.0228
DADCOLL	0.696132	0.068725	10.12927	0.0000
CUE80	0.023205	0.009632	2.409160	0.0160
STWMFG80	-0.051778	0.019852	-2.608153	0.0091

R-squared	0.278838	Mean dependent var		13.82929
Adjusted R-squared	0.276932	S.D. dependent var		1.813969
S.E. of regression	1.542479	Akaike info criterion		3.707552
Sum squared resid	9005.430	Schwarz criterion		3.725640
Log likelihood	-7025.935	Hannan-Quinn criter.		3.713981
F-statistic	146.3472	Durbin-Watson stat		1.924076
Prob(F-statistic)	0.000000			

图 3.7 模型(3.11)的 OLS 估计结果

(1)中 DIST 对 YRSED 的效应估计值是(2)中效应估计值的 2.28 倍,该差别比较显著,而 DIST 以及加入的控制变量均显著。由此提示我们,(1)中的回归存在严重的遗漏变量偏差。

(4) 比较图 3.6、图 3.7 中的结果可以发现:(1)的回归标准差 SER=1.807 大于(2)的回归标准差 SER=1.542,因此(2)的拟合效果好于(1);(1)的 R^2 = 0.007

远小于(2)的 $R^2=0.279$，因此(2)的拟合效果好于(1)；(1)的 $\overline{R^2}=0.007$ 远小于(2)的 $\overline{R^2}=0.277$，因此(2)的拟合效果好于(1)。综合来看，(2)的拟合效果明显好于(1)。

校正的拟合优度 $\overline{R^2}=1-\dfrac{n-1}{n-k}(1-R^2)$。对本案例来说，观察值 $n=3\,796$，模型(2)中的变量个数 $k=11$，因此 $\dfrac{n-1}{n-k}=1.003\approx 1$，导致 $\overline{R^2}\approx R^2$，因此(2)中的 R^2 和 $\overline{R^2}$ 非常接近。

(5) 由案例中给出的鲍勃的有关信息，我们可以给各个变量进行赋值：

鲍勃是一位黑人(BLACK=1,HISPANIC=0)，他(FEMALE=0)所在的高中离最近的大学有 20 英里(DIST=20)；他第 1 年的综合成绩为 58(BYTEST=58)；1980 年他的家庭收入为 26 000 美元(INCOMEHI=1)，且他家拥有一套房子(OWNHOME=1)；他的母亲上过大学，但父亲没有(DADCOLL=0)；他所在的县失业率为 7.5%(CUE80=7.5)，且州内制造业平均小时工资为 9.75 美元(STWMFG80=9.75)。

将以上变量的数据代入图 3.7 对应的估计方程

$$\begin{aligned}\text{YRSED}=&8.827-0.031\text{DIST}+0.093\text{BYTEST}+0.145\text{FEMALE}\\&+0.367\text{BLACK}+0.398\text{HISPANIC}+0.395\text{INCOMEHI}\\&+0.152\text{OWNHOME}+0.696\text{DADCOLL}+0.023\text{CUE80}\\&-0.051\text{STWMFG80}\end{aligned}$$

计算得到 YRSED≈14.223。由此可以预测，鲍勃将会完成的教育年数约为 14 年。

第4章

异方差检验及处理

在计量经济学建模过程中,经常会遇到异方差、多重共线、序列相关等违背最小二乘假设的问题,这些问题的出现将对最小二乘估计的有效性产生威胁。本章将先介绍异方差问题的 White 检验法和 BP 检验法,再介绍几种常见的异方差处理方法,包括稳健估计法和加权最小二乘法,最后给出几个实验和案例分析。

对于线性回归模型

$$Y_i = \beta_0 + \beta_1 X_{1i} + \beta_2 X_{2i} + \cdots + \beta_k X_{ki} + u_i \quad (i=1,2,\cdots,n) \quad (4.1)$$

若 $\text{var}(u_i \mid X_1, X_2, \cdots, X_k) = \sigma^2$($\sigma^2$ 为常数)

则称随机误差项 u_i 具有同方差性,否则具有异方差性。当随机误差项具有异方差性时,其方差不再是常数,而是随着总体不同部分的变化而变化。在线性回归模型中如果存在异方差问题,虽然总体参数的最小二乘估计值仍然无偏,但是将对传统的标准差及其相关结论产生影响,此时最小二乘法得到的参数估计不再是有效的。

4.1 异方差的检验方法

关于异方差的检验方法较多,但在经济实际中,我们很多情况下更关注的是随机误差项的方差是否与自变量的变化有关,此时采用怀特异方差检验(White test)和 BP 异方差检验(Breusch-Pagan test)比较方便。

4.1.1 怀特异方差检验

4.1.1.1 怀特异方差检验的一般方法

根据概率统计知识,检验随机误差项 u_i 的方差是否与自变量有关实质上等同于检验 u_i^2 是否与自变量有关,在实际中可以检验 u^2 与自变量、自变量的平方、自变量的交叉项是否相关。怀特异方差检验步骤如下。

(1) 对模型(4.1)进行 OLS 估计,得到总体回归模型的估计式:

$$Y_i = \beta_0 + \beta_1 X_{1i} + \beta_2 X_{2i} + \cdots + \beta_k X_{ki} \quad (i=1,2,\cdots,n) \quad (4.2)$$

同时得到模型的残差估计值 $\hat{u}_i$。

(2) 对方程

$$u_i^2 = \alpha_0 + \alpha_1 X_{1i} + \alpha_2 X_{2i} + \cdots + \alpha_k X_{ki} + \gamma_1 X_{1i}^2 + \gamma_2 X_{2i}^2 + \cdots + \gamma_k X_{ki}^2 \\ + \xi_1 X_{1i} X_{2i} + \xi_2 X_{1i} X_{3i} + \cdots + \xi_m X_1 X_{ki} + v_i$$

(4.3)

进行 OLS 估计。

(3) 对方程(4.3)中的参数作 F 联合检验,即检验

$$H_0: \alpha_1=0, \alpha_2=0, \cdots, \xi_m=0; H_1: \alpha_1, \alpha_2, \cdots, \xi_m \text{ 中至少有一个不为 } 0$$

参照公式(3.2)计算 F 统计量,再与 F 检验临界值比较即可。若原假设 H_0 成

立,则表明模型(4.1)不存在异方差问题;若 H_1 成立,则表明模型(4.1)存在异方差问题。

4.1.1.2 怀特异方差检验的简化方法

以上的怀特异方差检验在模型(4.1)比较简单时是可行的,但是当模型(4.1)比较复杂时,会导致方程(4.3)中包含的自变量很多,由此导致 F 联合检验的自由度过低、回归系数的显著性下降等问题,从而影响检验的效果。

为了解决这一问题,White 设计了另外一种比较简洁的检验方法:由于 Y、Y^2 中包含了自变量、自变量的平方、自变量的交互项等信息,因此只需要在方程(4.3)中用 Y、Y^2 代替众多变量即可。White 基于这一原理得到的简化的异方差检验方法大大简化了检验过程。

怀特异方差检验的简化方法步骤如下。

(1) 对模型(4.1)进行 OLS 估计,得到总体回归模型的估计式(4.2)、模型的残差估计值 $\hat{u}_i$ 和因变量的预测值 Y。

(2) 对方程

$$u_i^2 = \alpha_0 + \alpha_1 Y_i + \alpha_2 Y_i^2 + v_i \tag{4.4}$$

进行 OLS 估计,得到回归的拟合优度 R_u^2。

(3) 检验以下假设

$$H_0: \alpha_1 = 0, \alpha_2 = 0; H_1: \alpha_1, \alpha_2 \text{ 中至少有一个不为 } 0$$

该假设可以利用 F 联合检验法或 LM 检验法。

① F 联合检验法。先用 F 统计量公式

$$F = \frac{R_u^2/2}{(1-R_u^2)/(n-3)} \sim F(2, n-3)$$

计算 F 统计量,再与概率水平为 5%、自由度为 $(2, n-3)$ 的 F 检验临界值比较,若 F 统计量大于 F 检验临界值,则模型存在异方差,否则不存在异方差。

② LM 检验法。先用公式

$$LM = n \cdot R_u^2 \sim \chi^2(2)$$

计算 LM 统计量,再与概率水平为 5%、自由度为 2 的 χ^2 临界值比较,若 LM 统计量大于 χ^2 临界值,则模型存在异方差,否则不存在异方差。

4.1.1.3 怀特异方差检验在 EViews 中的实现

EViews 软件中提供了多种异方差检验方法,其中怀特异方差检验是较为常用的方法之一,软件中采用的检验方法是怀特异方差检验的一般方法。以下以二元回归模型为例,操作步骤如下。

对模型(4.1)进行 OLS 回归(令 $k=2$)→在回归结果界面,单击 View/Residual Diagnostics/Heteroskedasticity Tests → 在对话框的"Test type"选项中选择

"White",在"Include White cross terms"选项上打"√"(见图 4.1)→单击"OK"按钮,得到检验结果(见图 4.2)。

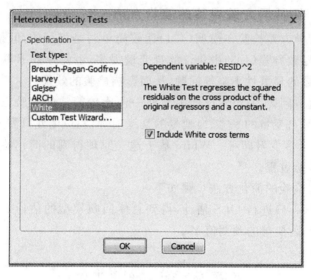

图 4.1　怀特异方差检验选项

```
Heteroskedasticity Test: White

F-statistic            3.980411    Prob. F(5,414)         0.0015
Obs*R-squared         19.26440    Prob. Chi-Square(5)    0.0017
Scaled explained SS   14.40697    Prob. Chi-Square(5)    0.0132

Test Equation:
Dependent Variable: RESID^2
Method: Least Squares
Date: 08/09/16   Time: 16:48
Sample: 1 420
Included observations: 420

Variable      Coefficient   Std. Error    t-Statistic    Prob.

C             -10506.39     6544.663     -1.605337      0.1092
X1^2          -5.420058     6.328784     -0.856414      0.3923
X1*X2         -56.03508     32.20325     -1.740044      0.0826
X1             518.0167     398.5139      1.299871      0.1944
X2^2          -71.76801     50.57565     -1.419023      0.1566
X2             2003.561     1103.484      1.815668      0.0701

R-squared              0.045868   Mean dependent var     342.0822
Adjusted R-squared     0.034344   S.D. dependent var     421.8762
S.E. of regression     414.5684   Akaike info criterion  14.90654
Sum squared resid      71152911   Schwarz criterion      14.96425
Log likelihood        -3124.372   Hannan-Quinn criter.   14.92935
F-statistic            3.980411   Durbin-Watson stat     0.551396
Prob(F-statistic)      0.001545
```

图 4.2　怀特异方差检验结果

需要说明的是：如果要检验的模型(4.2)本身比较复杂，比如包含交叉项，此时不应该选择"Include White cross terms"，否则将导致方程(4.3)太复杂，同时方程(4.3)中的交叉项也不再有实际意义，对于不太复杂的模型，可以选择"Include White cross terms"。

图 4.2 包括两部分，上半部分给出了怀特异方差一般方法的检验结果，下半部分给出了辅助回归方程的估计结果，即方程(4.3)的 OLS 估计结果。在怀特异方差检验结果中 F 统计量(图 4.2 中的 F-statistic)大于 5% 概率水平下的 F 检验临界值，或 F 统计量的伴随概率(图 4.2 中的 Prob.)小于 0.05，都表明模型存在异方差；否则模型不存在异方差。

类似地，也可以利用 LM 统计量进行判断：图 4.2 中的 Obs*R-squared 为 LM 统计量，对应的 Prob. 为伴随概率。

4.1.2 BP 异方差检验

4.1.2.1 BP 异方差检验的方法及步骤

BP 异方差检验和怀特异方差检验的思路大致相似。对于模型(4.1)，BP 检验法假定 u_i^2 是所有自变量 $X_1, X_2, \cdots, X_k$ 的线性函数，即

$$u_i^2 = \delta_0 + \delta_1 X_{1i} + \delta_2 X_{2i} + \cdots + \delta_k X_{ki} + v_i \tag{4.5}$$

并以方程(4.5)为基础，对以下假设

$$H_0: \delta_1 = 0, \delta_2 = 0, \ldots, \delta_k = 0; H_1: \delta_1, \delta_2, \cdots, \delta_k \text{ 中至少有一个不为 } 0 \tag{4.6}$$

进行检验。

BP 检验法的步骤如下。

(1) 对原始模型(4.1)进行 OLS 估计，得到随机误差项的估计值 $\hat{u}_i$；

(2) 对方程

$$u_i^2 = \delta_0 + \delta_1 X_{1i} + \delta_2 X_{2i} + \cdots + \delta_k X_{ki} + v_i \tag{4.7}$$

进行 OLS 估计，得到回归拟合优度 R_u^2。

(3) 对假设(4.6)进行检验。该假设可以利用 F 联合检验法或 LM 检验法。

① F 联合检验法。利用公式

$$F = \frac{R_u^2/k}{(1-R_u^2)/(n-k-1)} \sim F(k, n-k-1)$$

计算 F 统计量，再与 5% 概率水平下、自由度为 $(k, n-k-1)$ 的 F 检验临界值比较，F 统计值大于 F 检验临界值，则表明模型存在异方差；否则模型不存在异方差。

② LM 检验法。利用公式

$$LM = n \cdot R_u^2 \sim \chi^2(k)$$

计算 LM 统计量，再与 5% 概率水平下的自由度为 k 的 χ^2 临界值比较，LM 统计值大于 χ^2 临界值，则表明模型存在异方差；否则模型不存在异方差。

4.1.2.2 BP 异方差检验法在 EViews 中的实现

以二元回归模型为例。EViews 软件中的 BP 异方差检验操作步骤如下。

对原始模型(4.1)进行 OLS 估计(令 $k=2$)→在回归结果界面,单击 View/Residual Diagnostics/Heteroskedasticity Tests→在对话框的"Test type"选项中选择"Breusch-Pagan-Godfrey"→单击"OK"按钮,得到检验结果(见图 4.3)。

```
Heteroskedasticity Test: Breusch-Pagan-Godfrey

F-statistic              8.044708    Prob. F(2,417)         0.0004
Obs*R-squared           15.60314     Prob. Chi-Square(2)    0.0004
Scaled explained SS     11.66888     Prob. Chi-Square(2)    0.0029


Test Equation:
Dependent Variable: RESID^2
Method: Least Squares
Date: 08/09/16   Time: 21:01
Sample: 1 420
Included observations: 420
White heteroskedasticity-consistent standard errors & covariance

Variable        Coefficient    Std. Error   t-Statistic   Prob.

C               -571.1824      422.2384     -1.352749     0.1769
X1              8.123135       12.59450     0.644975      0.5193
X2              141.8797       43.39037     3.269843      0.0012

R-squared            0.037150    Mean dependent var      342.0822
Adjusted R-squared   0.032532    S.D. dependent var      421.8762
S.E. of regression   414.9571    Akaike info criterion   14.90134
Sum squared resid    71802989    Schwarz criterion       14.93020
Log likelihood      -3126.282    Hannan-Quinn criter.    14.91275
F-statistic          8.044708    Durbin-Watson stat      0.528415
Prob(F-statistic)    0.000373
```

图 4.3 BP 异方差检验结果

图 4.3 包括两部分,上半部分给出了 BP 异方差检验的结果,下半部分给出了辅助回归方程的估计结果,即方程(4.7)的估计结果。在 BP 异方差检验的结果中,若 F 统计量(图中 4.3 的 F-statistic)大于 5% 概率水平下的 F 检验临界值,或 F 统计量的伴随概率(图 4.3 中的 Prob.)小于 0.05,则表明模型存在异方差;否则模型不存在异方差。

类似地,可以利用 LM 统计量进行判断:图 4.3 中的 Obs*R-squared 为 LM 统计量,对应的 Prob. Chi-Square(2)为其伴随概率。

4.2 异方差问题的处理

在线性回归模型存在异方差的情况下,有时通过对模型做适当变换可以改善或消除异方差问题,比如对变量取对数或改变模型的形式,但这些手段作用非常有限,在大多数情况下,我们需要采用其他方法来处理异方差问题。

4.2.1 异方差稳健估计

由于异方差情况下参数的估计量仍然无偏,只是方差的估计值不再有效;另外,同方差是异方差问题的特殊情况,通常我们在 OLS 估计中的方差是在同方差假定情况下计算得到的,当模型不满足同方差假定时就会出现问题,基于此,埃克尔(Eiker,1967)、胡贝尔(Huber,1967)、怀特(White,1980)提出了一种新的计算方差的公式——异方差稳健标准误差(heteroskedasticity-robust standard errors)公式,利用该公式计算得到的方差估计在异方差和同方差情况下都适用,由此避免了异方差问题对模型有效性和统计推断的影响,从而使基于标准误差的假设检验和置信区间都有效的。在实际中可以采取的稳妥策略是,无论是否存在异方差问题,均采用异方差稳健标准误差。

EViews 软件在 OLS 估计中提供了怀特异方差稳健估计,其标准差估计采用了异方差稳健标准误差。软件操作步骤如下:

在 OLS 估计界面(见图 4.4),在"Options"的"Coefficient covariance matrix"选项中选择"White",其他选项默认(见图 4.5)→单击"确定"按钮,即可得到怀特异方差稳健估计。

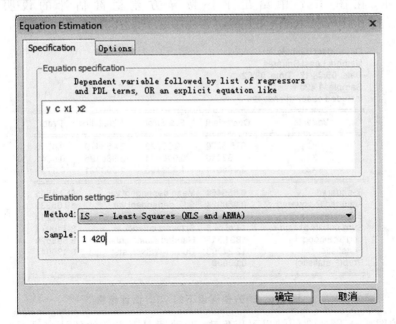

图 4.4 OLS 估计界面

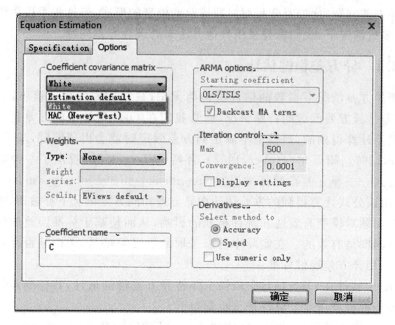

图 4.5 怀特异方差稳健估计选项

同方差假设下的 OLS 估计结果如图 4.6 所示,异方差假设下的估计结果如图 4.7 所示,在图 4.7 中给出了怀特异方差稳健估计的说明 "White heteroskedasticity-consistent standard errors & covariance"。

```
Dependent Variable: Y
Method: Least Squares
Date: 05/08/17   Time: 09:52
Sample: 1 420
Included observations: 420
```

Variable	Coefficient	Std. Error	t-Statistic	Prob.
C	675.5772	19.56222	34.53479	0.0000
X1	-1.763216	0.610914	-2.886195	0.0041
X2	2.486571	1.823105	1.363921	0.1733

R-squared	0.055454	Mean dependent var	654.1565
Adjusted R-squared	0.050924	S.D. dependent var	19.05335
S.E. of regression	18.56188	Akaike info criterion	8.687214
Sum squared resid	143674.5	Schwarz criterion	8.716073
Log likelihood	-1821.315	Hannan-Quinn criter.	8.698620
F-statistic	12.24093	Durbin-Watson stat	0.136047
Prob(F-statistic)	0.000007		

图 4.6 同方差假设下的 OLS 估计结果

比较图 4.6、图 4.7 的结果可以发现,两种情况下参数的估计结果不变,但是参数估计的标准差、t 统计量、伴随概率均存在差别。同时,在图 4.7 中增加了异方差

```
Dependent Variable: Y
Method: Least Squares
Date: 05/08/17   Time: 09:52
Sample: 1 420
Included observations: 420
White heteroskedasticity-consistent standard errors & covariance

Variable              Coefficient   Std. Error   t-Statistic   Prob.
C                     675.5772      18.84686     35.84561      0.0000
X1                    -1.763216     0.592141     -2.977694     0.0031
X2                    2.486571      1.891991     1.314261      0.1895

R-squared             0.055454      Mean dependent var    654.1565
Adjusted R-squared    0.050924      S.D. dependent var    19.05335
S.E. of regression    18.56188      Akaike info criterion 8.687214
Sum squared resid     143674.5      Schwarz criterion     8.716073
Log likelihood        -1821.315     Hannan-Quinn criter.  8.698620
F-statistic           12.24093      Durbin-Watson stat    0.136047
Prob(F-statistic)     0.000007      Wald F-statistic      10.12725
Prob(Wald F-statistic) 0.000051
```

图 4.7　异方差假设下的稳健估计

稳健估计下的 Wald 检验的 F 统计量"Wald F-statistic"以及其伴随概率"Prob (Wald F-statistic)",该 Wald 检验主要是针对"X_1、X_2 的系数都为 0"的假设所做的检验。

4.2.2　广义(加权)最小二乘法

4.2.2.1　广义最小二乘法(GLS)

对于模型(4.1),广义最小二乘法(generalized least squares,GLS)假定异方差形式为 $\mathrm{var}(u_i)=\sigma_i^2$,即方差随观察值 i 的变化而变化,但对于给定的 i 来说,方差为常数。广义最小二乘法在该假设下,对原模型进行变换,使得 i 变化时方差不再随之变化。

对模型(4.1)两边同时除以 σ_i,得到修正后的模型

$$\frac{Y_i}{\sigma_i} = \beta_0 \frac{1}{\sigma_i} + \beta_1 \frac{X_{1i}}{\sigma_i} + \beta_2 \frac{X_{2i}}{\sigma_i} + \cdots + \beta_k \frac{X_{ki}}{\sigma_i} + \frac{u_i}{\sigma_i} \quad (4.8)$$

令 $Y_i^* = \frac{Y_i}{\sigma_i}, X_{0i}^* = \frac{1}{\sigma_i}, X_{1i}^* = \frac{X_{1i}}{\sigma_i}, X_{2i}^* = \frac{X_{2i}}{\sigma_i}, \cdots, X_{ki}^* = \frac{X_{ki}}{\sigma_i}, u_i^* = \frac{u_i}{\sigma_i}$,则模型(4.8)变形为

$$Y_i^* = \beta_0 X_{0i}^* + \beta_1 X_{1i}^* + \beta_2 X_{2i}^* + \cdots + \beta_k X_{ki}^* + u_i^* \quad (4.9)$$

此时 $\mathrm{var}(u_i^*) = \mathrm{var}(u_i/\sigma_i) = 1$,修正后的模型不再存在异方差性,因此估计量是最佳线性无偏的(BLUE)。按照式(4.8)、式(4.9)的变换方法,广义最小二乘法修正了异方差问题。

4.2.2.2　加权最小二乘法(WLS)

广义最小二乘法是加权最小二乘法(weighted least squares,WLS)的特殊形

式。对于模型(4.1),加权最小二乘法假设异方差形式为

$$\text{var}(u_i) = \sigma^2 h_i(x) \tag{4.10}$$

其中 σ^2 为常数,$h_i(x)$ 已知且 $h_i(x) > 0$。对模型(4.1)两边同时除以 $\sqrt{h_i(x)}$,得到修正后的模型:

$$\frac{Y_i}{\sqrt{h_i(x)}} = \beta_0 \frac{1}{\sqrt{h_i(x)}} + \beta_1 \frac{X_{1i}}{\sqrt{h_i(x)}} + \beta_2 \frac{X_{2i}}{\sqrt{h_i(x)}} + \cdots + \beta_k \frac{X_{ki}}{\sqrt{h_i(x)}} + \frac{u_i}{\sqrt{h_i(x)}} \tag{4.11}$$

令 $Y_i^+ = \frac{Y_i}{\sqrt{h_i(x)}}, X_{0i}^+ = \frac{1}{\sqrt{h_i(x)}}, X_{1i}^+ = \frac{X_{1i}}{\sqrt{h_i(x)}}, X_{2i}^+ = \frac{X_{2i}}{\sqrt{h_i(x)}}, \cdots, X_{ki}^+ = \frac{X_{ki}}{\sqrt{h_i(x)}}, u_i^+ = \frac{u_i}{\sqrt{h_i(x)}}$,则模型(4.11)变为

$$Y_i^+ = \beta_0 X_{0i}^+ + \beta_1 X_{1i}^+ + \beta_2 X_{2i}^+ + \cdots + \beta_k X_{ki}^+ + u_i^+ \tag{4.12}$$

此时 $\text{var}(u_i^+) = \text{var}(u_i/\sqrt{h_i(x)}) = \sigma^2$,修正后的模型不再存在异方差性,因此估计量是最佳线性无偏的。

4.2.2.3 可行广义最小二乘法(FGLS)

实际中应用加权最小二乘法时,我们很难知道 $h_i(x)$ 的具体形式,因此需要对 $h_i(x)$ 的形式进行估计。可行广义最小二乘法(feasible generalized least squares,FGLS)提供了一种基于 $h_i(x)$ 估计的加权最小二乘法。可行广义最小二乘法估计的步骤如下。

① 对模型(4.1)进行 OLS 估计,得到回归残差序列 u。

② 对于模型(4.1),为了保证方差估计为正值,假设方差的形式为

$$\text{var}(u_i) = \sigma^2 h_i(x) = \sigma^2 \exp(\gamma_0 + \gamma_1 X_{1i} + \gamma_2 X_{2i} + \cdots + \gamma_k X_{ki}) \tag{4.13}$$

对方程

$$\log(u_i^2) = \gamma_0 + \gamma_1 X_{1i} + \gamma_2 X_{2i} + \cdots + \gamma_k X_{ki} + \varepsilon_i \tag{4.14}$$

进行 OLS 估计,得到参数 $\gamma_0, \gamma_1, \gamma_2, \cdots, \gamma_k$ 的估计值。

③ 将 $\gamma_0, \gamma_1, \gamma_2, \cdots, \gamma_k$ 的估计值代入式(4.13)中,得到 $\text{var}(u_i) = \sigma^2 h_i(x)$ 中 $h_i(x)$ 的估计式

$$h_i(x) = \exp(g_i) = \exp(\gamma_0 + \gamma_1 X_{1i} + \gamma_2 X_{2i} + \cdots + \gamma_k X_{ki}) \tag{4.15}$$

④ 以 $h_i(x)$ 的估计式式(4.15)作为异方差形式,进行加权最小二乘估计(WLS)。

⑤ 为了得到 $h_i(x)$ 和模型的精确估计,实际中往往采取循环估计的方法。在 ④ 的 WLS 估计中再次产生回归残差序列 $u^{(1)}$ → 重复 ② ~ ④ 的步骤 → 再次产生回归残差序列 $u^{(2)}$ → 重复 ② ~ ④ 的步骤 → ⋯。

重复上述过程直到估计结果收敛为止(相邻两次的估计结果差别不大),或者

事先给定循环终止条件,此时得到的 $h_i(x)$ 和模型的估计更为精确。

在运用 FGLS 方法的过程中,也可以采用其他形式替换(4.13)中的 $\gamma_0 + \gamma_1 X_1 + \gamma_2 X_2 + \cdots + \gamma_k X_k$。

4.2.3 广义(加权)最小二乘法在 EViews 中的实现

由于广义最小二乘法是加权最小二乘法的特例,因此本部分仅对加权最小二乘法进行阐述。以下以二元线性回归方程为例。

4.2.3.1 加权最小二乘法

加权最小二乘法的软件操作步骤如下。

①首先对模型

$$Y_i = \beta_0 + \beta_1 X_{1i} + \beta_2 X_{2i} + u_i \quad (i = 1, 2, \cdots, n) \tag{4.16}$$

进行同方差假设下的 OLS 估计(软件命令:ls y c x1 x2),估计结果如图 4.6 所示。在估计结果界面进行 White 异方差检验,检验结果如图 4.2 所示,可见异方差存在,且 X_2、X_1X_2 的系数均在 10% 概率水平上显著,而 X_1 以及 X_1 的平方项的系数均不显著。由此怀疑异方差的产生与 X_2 有关。

②猜测模型的异方差形式可能为以下三种之一。

$$A: \text{var}(u_i) = \sigma^2 X_{2i}, B: \text{var}(u_i) = \sigma^2 X_{2i}^2, C: \text{var}(u_i) = \sigma^2 (X_{2i} + X_{2i}^2) \tag{4.17}$$

在方差形式 $\text{var}(u_i) = \sigma^2 X_{2i}$ 下重新对模型(4.16)进行 OLS 估计,在"Options"的"Coefficient covariance matrix"选项中选择"White","Weights"的"Type"选项中选择"Variance",在"Weight series"选项中填入"x2^0.5",如图 4.8 所示。

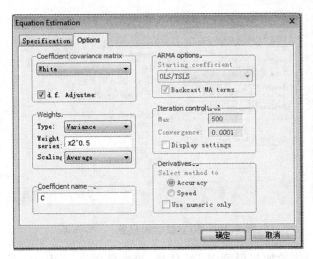

图 4.8 WLS 估计的权重:$\sqrt{X_2}$

在方差形式 $\text{var}(u_i) = \sigma^2 X_{2i}^2$ 下重新对模型(4.16)进行 OLS 估计,在"Weight series"选项中填入"x2",如图4.9所示。

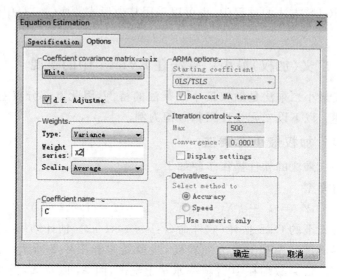

图4.9 WLS估计的权重:X_2

在方差形式$var(u_i) = \sigma^2(X_{2i} + X_{2i}^2)$下重新对模型(4.16)进行OLS估计,在"Weight series"选项中填入"(x2+x2^2)^0.5",如图4.10所示。

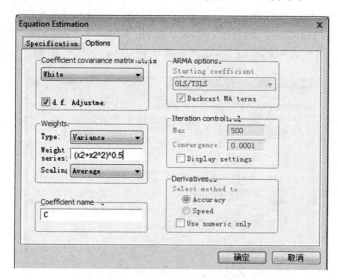

图4.10 WLS估计的权重:$\sqrt{X_2 + X_2^2}$

③根据上一步的加权得到WLS估计,再次分别进行White异方差检验,WLS估计以及对应的White异方差检验结果如图4.11~图4.13所示。

比较图4.11-4.13的结果可知,在不同的权重下,系数的估计值有所不同。异

Variable	Coefficient	Std. Error	t-Statistic	Prob.
C	677.6553	18.70088	36.23654	0.0000
X1	-1.754785	0.585678	-2.996157	0.0029
X2	2.065684	1.879498	1.099062	0.2724

Heteroskedasticity Test: White

F-statistic	2.183864	Prob. F(6,413)	0.0436
Obs*R-squared	12.91551	Prob. Chi-Square(6)	0.0444
Scaled explained SS	9.421813	Prob. Chi-Square(6)	0.1512

图 4.11 $\mathrm{var}(u_i) = \sigma^2 X_{2i}$ 下的 WLS 估计结果及异方差检验

Variable	Coefficient	Std. Error	t-Statistic	Prob.
C	679.6947	18.63603	36.47208	0.0000
X1	-1.746470	0.581964	-3.000993	0.0029
X2	1.649586	1.873569	0.880451	0.3791

Heteroskedasticity Test: White

F-statistic	1.432239	Prob. F(5,414)	0.2115
Obs*R-squared	7.141449	Prob. Chi-Square(5)	0.2103
Scaled explained SS	5.135657	Prob. Chi-Square(5)	0.3995

图 4.12 $\mathrm{var}(u_i) = \sigma^2 X_{2i}^2$ 下的 WLS 估计及对应的 White 异方差检验

Variable	Coefficient	Std. Error	t-Statistic	Prob.
C	679.4135	18.64064	36.44797	0.0000
X1	-1.748381	0.582334	-3.002365	0.0028
X2	1.709610	1.874121	0.912219	0.3622

Heteroskedasticity Test: White

F-statistic	1.346511	Prob. F(6,413)	0.2352
Obs*R-squared	8.058360	Prob. Chi-Square(6)	0.2339
Scaled explained SS	5.804731	Prob. Chi-Square(6)	0.4454

图 4.13 $\mathrm{var}(u_i) = \sigma^2 (X_{2i} + X_{2i}^2)$ 下的 WLS 估计及异方差检验

方差检验结果显示,在假设异方差为 $\mathrm{var}(u_i) = \sigma^2 X_{2i}^2$、$\mathrm{var}(u_i) = \sigma^2 (X_{2i} + X_{2i}^2)$ 形式时,WLS 估计结果均消除了异方差,而在异方差为 $\mathrm{var}(u_i) = \sigma^2 X_{2i}$ 形式时,异方差问题并没有被消除。

根据以上分析,可以在 B、C 异方差假设形式下,采用 WLS 估计处理异方差问题并得到具有 BLUE 性的估计量。实际中为了简化,采用 $\mathrm{var}(u_i) = \sigma^2 X_{2i}^2$ 作为异方差形式就足够了。

4.2.3.2 可行广义最小二乘法(FGLS)

假设模型(4.16)的异方差形式为 $\mathrm{var}(u) = \sigma^2 h(x) = \sigma^2 \exp(\gamma_0 + \gamma_1 X_1 + \gamma_2 X_2)$，可行广义最小二乘法的软件操作步骤如下。

①利用命令“equation eq01. ls y c x1 x2”对模型(4.16)进行 OLS 回归，用软件命令“genr r0＝resid”把回归残差序列保存为“r0”。

②利用命令“equation eq02. ls log(r0^2) c x1 x2”估计模型

$$\log(r0^2) = \gamma_0 + \gamma_1 X_1 + \gamma_2 X_2 + u \tag{4.18}$$

得到估计 $h_i = \exp(\gamma_0 + \gamma_1 X_{1i} + \gamma_2 X_{2i})$ 。

③以 $h_i = \exp(\gamma_0 + \gamma_1 X_{1i} + \gamma_2 X_{2i})$ 为权重对模型(4.16)进行 WLS 估计：在 WLS 估计的“Weight series”选项中填入“ $(\exp(\gamma_0 + \gamma_1 x_{1i} + \gamma_2 x_{2i}))$^0.5 ”，其中 γ_0、γ_1、γ_2 均为估计得到的数值。以命令“genr r1＝resid”将残差序列保存为“r1”。

④重复②、③的操作。

Variable	Coefficient	Std. Error	t-Statistic	Prob.
C	679.4135	18.64064	36.44797	0.0000
X1	-1.748381	0.582334	-3.002365	0.0028
X2	1.709610	1.874121	0.912219	0.3622

Heteroskedasticity Test: White

F-statistic	1.346511	Prob. F(6,413)	0.2352
Obs*R-squared	8.058360	Prob. Chi-Square(6)	0.2339
Scaled explained SS	5.804731	Prob. Chi-Square(6)	0.4454

图 4.13 模型的 FGLS 估计

根据精度要求，重复以上操作，最后得到模型(4.16)的 FGLS 估计。图 4.14 中给出了估计示例，随着迭代次数增加，估计结果逐渐趋于收敛。

Weighting series: EXP(3.18621162458 + 0.00284062028376*X1 + 0.286913390635*X2)
Weight type: Variance (average scaling)
White heteroskedasticity-consistent standard errors & covariance

Variable	Coefficient	Std. Error	t-Statistic	Prob.
C	682.5031	18.63095	36.63276	0.0000
X1	-1.746426	0.578874	-3.016936	0.0027
X2	1.106856	1.878614	0.589188	0.5561

迭代9次

Weighting series: EXP(3.37731720449 - 0.00563460656034*X1 + 0.280619501779*X2)
Weight type: Variance (average scaling)
White heteroskedasticity-consistent standard errors & covariance

Variable	Coefficient	Std. Error	t-Statistic	Prob.
C	683.1420	18.68394	36.56306	0.0000
X1	-1.759029	0.581372	-3.025651	0.0026
X2	1.032192	1.878887	0.549364	0.5830

迭代10次

Weighting series: EXP(3.266707189 + 0.000780526297103*X1 + 0.279514911037*X2)
Weight type: Variance (average scaling)
White heteroskedasticity-consistent standard errors & covariance

Variable	Coefficient	Std. Error	t-Statistic	Prob.
C	682.5193	18.64019	36.61547	0.0000
X1	-1.749762	0.579488	-3.019495	0.0027
X2	1.116446	1.878197	0.594424	0.5526

迭代11次

Weighting series: EXP(3.1467928719 + 0.00442866031413*X1 + 0.28857827012*X2)
Weight type: Variance (average scaling)
White heteroskedasticity-consistent standard errors & covariance

Variable	Coefficient	Std. Error	t-Statistic	Prob.
C	682.3938	18.62190	36.64469	0.0000
X1	-1.743977	0.578430	-3.015020	0.0027
X2	1.118516	1.878642	0.595385	0.5519

迭代12次

图 4.14 Sample 命令对话框

4.3 实验教程

实验 异方差检验与稳健估计

实验目的:熟悉异方差检验的原理与方法,了解异方差稳健估计与普通 OLS 估计结果的差异。

实验仪器、工具、材料:计算机、EViews 软件(3.0 及以上版本)、数据集 Wage1(已婚妇女工资的影响因素)。(数据来源:杰弗里·M.伍德里奇.计量经济学导论[M].4 版.北京:中国人民大学出版社,2010.)。

实验学时及要求:1 学时,将主要实验结果保存到 Word 文档中。

实验内容及步骤如下。

(1) 观察数据集。表 4.1 列出了数据集 Wage1 中的部分数据,数据的样本数为 526,包含 wage(小时工资)、educ(教育年限)、exper(工作经历)、female(虚拟变量,女性=1,男性=0)、married(虚拟变量,已婚=1,未婚=0)、tenure(聘期)等 6 个变量。

表 4.1 数据集 Wage1

个人编号	wage	educ	exper	female	married	tenure
1	3.10	11	2	1	0	0
2	3.24	12	22	1	1	2
3	3.00	11	2	0	0	0
4	6.00	8	44	0	1	28
5	5.30	12	7	0	1	2
⋮	⋮	⋮	⋮	⋮	⋮	⋮
525	11.56	16	5	0	1	1
526	3.50	14	5	1	0	4

(2) 将数据读入 EViews 软件,利用 Sample 命令筛选所需数据。由于原始数据中已婚、未婚数据与男性、女性数据混合在一起,因此需要根据条件"已婚妇女"进行数据筛选,软件操作如下。

单击软件中的菜单命令"Sample"→在对话框中输入"married=1 and female=1"(见图 4.15)→单击"OK"按钮,即可得到已婚妇女的相关数据。(提示:筛选后得到的数据样本为 132 个。)

(3) 建立多元回归模型。

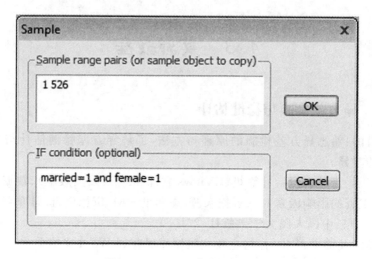

图 4.15 Sample 命令对话框一

$$\log(\text{wage}) = \beta_0 + \beta_1 \text{educ} + \beta_2 \text{exper} + \beta_3 \text{exper}^2 + u \tag{4.19}$$

并用 OLS 估计。

(4) 利用 White 异方差检验法进行检验,给出你的判断。(提示:检验结果中 $F=0.810$)。

(5) 对模型(4.19)进行稳健估计,与(3)的结果进行比较。

(6) 在模型(4.19)中逐步加入变量 tenure、tenure^2,重复(3)~(5)的操作。

(7) 对上述实验进行小结。

4.4 综合案例分析

案例 一年教育的经济价值:同方差还是异方差?

利用数据集 CH8 研究受教育年限对收入的影响。数据集 CH8 是 2008 年美国全职工人收入情况调查数据,表 4.2 截取了部分数据。表中包括 AHE(小时工资收入,单位:美元)、AGE(年龄)、受教育年限(YRSEDUC,单位:年),共有样本 61 395 个。

(1) 画出年龄在 29~30 岁、受教育年限在 6~18 年的全职工人小时收入与受教育年限的散点图。分析模型

$$\text{AHE} = \beta_0 + \beta_1 \text{YRSEDUC} + u \tag{4.20}$$

的异方差情况。

(2) 对模型(4.20)进行异方差稳健估计。

表 4.2 数据集 CH8

	A	B	C
1	AHE	AGE	YRSEDUC
2	20.67307663	31	14
3	24.27884674	50	12
4	10.14957237	36	12
5	8.894230843	33	10
6	6.410256386	56	10
7	16.66666603	52	12
8	34.61538315	30	16
9	11.05769253	41	12
10	19.23077011	37	13
11	12.01923084	44	13
12	10.20408154	47	8
13	10.09615421	53	11
14	16.34615326	55	12
15	45.78754425	59	19
16	19.23077011	30	16
17	31.73077011	46	16
18	16.70040512	46	12
19	27.88461494	48	16
20	17.30769157	46	14

(3) 利用加权最小二乘法对模型(4.20)进行估计。

(案例和数据:詹姆斯·H.斯托克,马克·W.沃森.计量经济学[M].3版.沈根祥、孙燕,译.上海:格致出版社,2012.)

案例分析:

(1) 数据集中 AGE 在 21~64 岁,YRSEDUC 在 6~20。首先要对样本进行筛选,操作步骤如下。

将数据读入 EViews 软件后,单击菜单命令"Sample"→在对话框的"Sample range pairs (or sample object to copy)"栏中填入"@ all",在"IF condition (optional)"栏中填入"28<age and age<31 and 5<yrseduc and yrseduc<19"(见图 4.16)→单击"OK"按钮,即完成了数据筛选。

AGE 在 21~64 岁,YRSEDUC 在 6~20 的样本共 2 843 个。散点图如图4.17所示。

从图 4.17 可知,小时收入围绕回归线的离散程度随着受教育年限的增加而显著扩大,虽然存在某些受教育年限较长的工人从事低收入的工作,但受教育年限较短的工人几乎没有从事高收入工作的,这说明模型(4.20)的回归误差是存在异方差的。

对模型(4.20)进行 OLS 回归(见图 4.18),作出回归残差与受教育年限的散点图(见图 4.19),可以发现,回归残差的离散程度随受教育年限的增加而显著扩大,而方差是度量离散程度的,由此说明回归残差的方差随受教育年限的变化而变化,

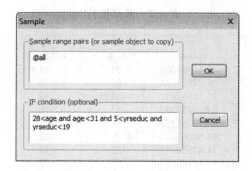

图 4.16 Sample 命令对话框二

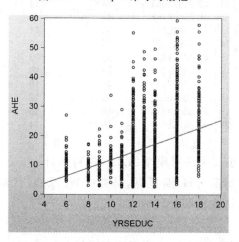

图 4.17 小时收入-受教育年限散点图

```
Dependent Variable: AHE
Method: Least Squares
Date: 05/16/17   Time: 21:36
Sample: 1 61396 IF 28<AGE AND AGE<31 AND 5<YRSEDUC AND
    YRSEDUC<19
Included observations: 2843
```

Variable	Coefficient	Std. Error	t-Statistic	Prob.
C	-1.841067	0.866135	-2.125613	0.0336
YRSEDUC	1.347162	0.062986	21.38813	0.0000

R-squared	0.138687	Mean dependent var	16.43021
Adjusted R-squared	0.138384	S.D. dependent var	8.206676
S.E. of regression	7.617336	Akaike info criterion	6.899434
Sum squared resid	164845.6	Schwarz criterion	6.903621
Log likelihood	-9805.545	Hannan-Quinn criter.	6.900944
F-statistic	457.4522	Durbin-Watson stat	1.316418
Prob(F-statistic)	0.000000		

图 4.18 模型(4.20)的 OLS 估计

即回归残差是存在异方差的。

进一步对模型(4.20)进行 White 异方差检验,结果如图 4.20 所示。从图中可知,F 统计量的伴随概率 $p=0.000\ 0<0.05$,可以判断模型存在异方差,从图 4.20 的辅助回归可知,方差与 YRSEDUC^2 有关。

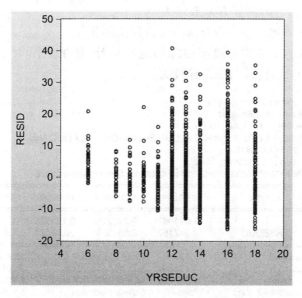

图 4.19　回归残差与受教育年限散点图

图 4.20　模型(4.20)的 White 异方差检验

(2) 对模型(4.20)进行 White 异方差稳健估计,结果如图 4.21 所示。与图 4.18 的结果相比,系数的标准差和 t 统计量有一定的变化。

异方差稳健估计其实并没有消除异方差问题,而是提供了较为有效的方差和 t 统计量,使我们在推断估计量的有效性时不至于犯错。

(3) 设模型(4.20)的异方差形式为

$$\text{var}(u) = \sigma^2 \text{YRSEDUC}^2$$

利用加权最小二乘法对模型(4.20)进行估计,结果如图 4.22 所示。比较图 4.18 与图 4.22 可见,估计结果差异较大。

```
Dependent Variable: AHE
Method: Least Squares
Date: 05/16/17   Time: 22:00
Sample: 1 61396 IF 28<AGE AND AGE<31 AND 5<YRSEDUC AND
        YRSEDUC<19
Included observations: 2843
White heteroskedasticity-consistent standard errors & covariance
```

Variable	Coefficient	Std. Error	t-Statistic	Prob.
C	-1.841067	0.842278	-2.185820	0.0289
YRSEDUC	1.347162	0.064579	20.86084	0.0000
R-squared	0.138687	Mean dependent var		16.43021
Adjusted R-squared	0.138384	S.D. dependent var		8.206276
S.E. of regression	7.617336	Akaike info criterion		6.899434
Sum squared resid	164845.6	Schwarz criterion		6.903621
Log likelihood	-9805.545	Hannan-Quinn criter.		6.900944
F-statistic	457.4522	Durbin-Watson stat		1.316418
Prob(F-statistic)	0.000000	Wald F-statistic		435.1747
Prob(Wald F-statistic)	0.000000			

图 4.21　模型(4.20)的异方差稳健估计

Variable	Coefficient	Std. Error	t-Statistic	Prob.
C	0.687901	0.830142	0.828654	0.4074
YRSEDUC	1.157120	0.063364	18.26158	0.0000
	Weighted Statistics			
R-squared	0.155256	Mean dependent var		15.52674
Adjusted R-squared	0.154958	S.D. dependent var		7.151888
S.E. of regression	7.151737	Akaike info criterion		6.773291
Sum squared resid	145309.6	Schwarz criterion		6.777478
Log likelihood	-9626.233	Hannan-Quinn criter.		6.774801
F-statistic	522.1478	Durbin-Watson stat		1.349689
Prob(F-statistic)	0.000000	Weighted mean dep.		15.22189
Wald F-statistic	333.4855	Prob(Wald F-statistic)		0.000000

图 4.22　模型(4.20)的加权最小二乘估计

第5章
多重共线性检验及处理

对于模型

$$Y_i = \beta_0 + \beta_1 X_{1i} + \beta_2 X_{2i} + \cdots + \beta_k X_{ki} + u_i \quad (i=1,2,\cdots,n) \quad (5.1)$$

如果两个或两个以上解释变量之间构成完全线性组合,就产生了完全多重共线性。当模型存在完全多重共线性时,将无法得到参数的OLS估计量。在实际问题中,较为常见的是变量之间的不完全多重共线,不完全多重共线指的是变量之间虽然不构成完全线性组合,但是却存在相关性。事实上,线性回归理论中已经接受了变量之间存在相关性的事实,多元线性回归中某一变量的影响实际上是分离了其他变量的影响后得到的,但是当变量之间的相关性强到一定程度时,将会影响到估计量的精度、估计量的有效性、置信区间以及统计推断。大多数学者认为,变量之间的相关系数超过0.9时,就会对模型的估计产生严重影响。

5.1 多重共线性的检验方法

5.1.1 逐步增加变量观察法

在对模型进行OLS估计后,如果发现回归的拟合优度很大,但是大多数参数估计都不显著(通常表现为标准差较大),则可以怀疑模型存在多重共线性问题。此时可以逐步增加变量进行观察,判断哪个变量引起了多重共线性。

例5.1 利用逐步增加变量观察法检验多重共线性问题 以变量Y、X_1、X_2、X_3为例进行分析。

以Y为因变量,X_1、X_2为自变量建立二元线性回归模型:

$$Y = \beta_0 + \beta_1 X_1 + \beta_2 X_2 + u \quad (5.2)$$

OLS估计结果如图5.1所示。从图中可知X_1、X_2的系数都是显著的。

在模型(5.2)的基础上引入变量X_3,建立三元线性回归模型:

$$Y = \beta_0 + \beta_1 X_1 + \beta_2 X_2 + \beta_3 X_3 + u \quad (5.3)$$

OLS估计结果如图5.2所示。

比较图5.1、图5.2的结果:图5.1中X_1、X_2的系数都是显著的,但是图5.2中X_2、X_3的系数均不显著,且图5.2中X_2的系数的标准差增加较多。另外,两个模型的拟合优度差别很小。据此应该怀疑新加入的变量X_3与X_1、X_2中的一个变量存在多重共线性问题。

```
Dependent Variable: Y
Method: Least Squares
Date: 05/08/17   Time: 18:31
Sample (adjusted): 1 193
Included observations: 193 after adjustments

Variable         Coefficient   Std. Error   t-Statistic   Prob.

C                223.5921      32.04223     6.978047      0.0000
X1               1.528950      0.059767     25.58175      0.0000
X2               1.658204      0.064061     25.88489      0.0000

R-squared           0.986919   Mean dependent var    1956.668
Adjusted R-squared  0.986781   S.D. dependent var    856.9675
S.E. of regression  98.52882   Akaike info criterion 12.03400
Sum squared resid   1844507.   Schwarz criterion     12.08471
Log likelihood      -1158.281  Hannan-Quinn criter.  12.05454
F-statistic         7167.286   Durbin-Watson stat    0.138116
Prob(F-statistic)   0.000000
```

图 5.1　模型(5.2)估计结果

```
Dependent Variable: Y
Method: Least Squares
Date: 05/08/17   Time: 18:36
Sample (adjusted): 1 193
Included observations: 193 after adjustments

Variable         Coefficient   Std. Error   t-Statistic   Prob.

C                223.7234      32.14835     6.959093      0.0000
X1               1.528810      0.059937     25.50696      0.0000
X2               1.447620      1.930337     0.749932      0.4542
X3               0.210444      1.927992     0.109152      0.9132

R-squared           0.986920   Mean dependent var    1956.668
Adjusted R-squared  0.986712   S.D. dependent var    856.9675
S.E. of regression  98.78603   Akaike info criterion 12.04430
Sum squared resid   1844390.   Schwarz criterion     12.11192
Log likelihood      -1158.275  Hannan-Quinn criter.  12.07168
F-statistic         4753.346   Durbin-Watson stat    0.137056
Prob(F-statistic)   0.000000
```

图 5.2　模型(5.3)估计结果

5.1.2　相关系数加辅助回归法

对多重共线性的检验没有很直观的方法可用，通常可以用简单相关系数来观察两个变量之间的相关性强弱，但是实际中多重共线性往往发生在多个变量之间，因此我们通常采用相关系数检验并加以辅助回归的方法。

例 5.2　利用相关系数加辅助回归法检验多重共线性问题　以模型(5.3)为例来阐述。变量 Y、X_1、X_2、X_3 与例 5.1 一致。

相关系数加辅助回归法步骤如下。

① 计算 Y、X_1、X_2、X_3 之间的相关系数。

EViews 软件的操作步骤如下。

双击变量 Y、X_1、X_2、X_3，打开数组 → 单击 Quick/Group Statistics/Correlations → 单击"OK"按钮，得到结果如表 5.1 所示。

表 5.1 变量的相关系数

	Correlation			
	Y	X1	X2	X3
Y	1.000000	0.969942	0.970496	0.970477
X1	0.969942	1.000000	0.907607	0.907644
X2	0.970496	0.907607	1.000000	0.999902
X3	0.970477	0.907644	0.999902	1.000000

通过观察变量间的相关系数，发现 X_2、X_3 之间高度相关（相关系数高达 0.999 902），可以怀疑 X_2、X_3 之间可能存在严重的多重共线。

② 分别对以下三个模型进行 OLS 估计。

$$Y = \beta_0 + \beta_1 X_1 + \beta_2 X_2 + \beta_3 X_3 + u \tag{5.4}$$

$$Y = \beta_0 + \beta_1 X_1 + \beta_2 X_2 + u \tag{5.5}$$

$$Y = \beta_0 + \beta_1 X_1 + \beta_3 X_3 + u \tag{5.6}$$

模型(5.4)、模型(5.5)的估计结果分别如图 5.2、图 5.1 所示，模型(5.6)的估计结果如图 5.3 所示。

```
Dependent Variable: Y
Method: Least Squares
Date: 05/08/17   Time: 18:55
Sample (adjusted): 1 193
Included observations: 193 after adjustments

    Variable      Coefficient   Std. Error    t-Statistic    Prob.
       C           224.0262      32.10877      6.977103      0.0000
       X1          1.529205      0.059866     25.54398       0.0000
       X3          1.655506      0.064076     25.83660       0.0000

R-squared             0.986881   Mean dependent var      1956.668
Adjusted R-squared    0.986743   S.D. dependent var       856.9675
S.E. of regression   98.67220    Akaike info criterion    12.03691
Sum squared resid    1849879.   Schwarz criterion         12.08762
Log likelihood      -1158.561   Hannan-Quinn criter.      12.05744
F-statistic          7146.196   Durbin-Watson stat        0.136063
Prob(F-statistic)    0.000000
```

图 5.3 模型(5.6)的估计结果

比较模型(5.4)~(5.6)的估计结果发现，X_1 的系数估计、标准差、t 统计值比较稳定，而 X_2、X_3 的估计结果在不同的模型中差异较大。由此进一步确定 X_2、X_3 之间存在严重的多重共线。

③ 进行辅助回归。

对模型

$$X_2 = \beta_0 + \beta_1 X_3 + u \tag{5.7}$$

进行 OLS 估计,结果如图 5.4 所示。

```
Dependent Variable: X2
Method: Least Squares
Date: 05/08/17   Time: 18:59
Sample (adjusted): 1 193
Included observations: 193 after adjustments
```

Variable	Coefficient	Std. Error	t-Statistic	Prob.
C	0.347094	0.407906	0.850916	0.3959
X3	0.998498	0.001009	989.2439	0.0000

R-squared	0.999805	Mean dependent var		305.7922
Adjusted R-squared	0.999804	S.D. dependent var		264.3977
S.E. of regression	3.703076	Akaike info criterion		5.466513
Sum squared resid	2619.139	Schwarz criterion		5.500323
Log likelihood	-525.5185	Hannan-Quinn criter.		5.480205
F-statistic	978603.4	Durbin-Watson stat		2.021584
Prob(F-statistic)	0.000000			

图 5.4 模型(5.7)的估计结果

从图 5.4 中可以发现,拟合优度接近于 1,X_3 的系数估计的 t 估计值异常地大($t=989.243\ 9$)。由此佐证了 X_2、X_3 之间存在严重的多重共线。

根据上述结果,可以确定 X_2、X_3 之间存在严重的多重共线。

5.2 多重共线性的处理

在模型设定无误的情况下,要处理多重共线性问题,可以使用如下方法。

(1) 改变模型的形式,比如使用对数模型、在时间序列中使用差分变量等。

(2) 尽可能地增加样本量,防止由于样本问题导致的多重共线性。

(3) 变量变换,比如绝对指标转为相对指标、名义数据转为实际数据等。

(4) 去掉模型中不重要且确定会引起多重共线性的变量,但对于是否要去掉变量一定要谨慎,只有在模型有充足的解释变量,且已经确定变量之间有严重多重共线性的情况下才予以考虑。

(5) 利用主成分分析法或因子分析法。在可供选择的变量较多时,可以采用主成分分析法或因子分析法,将大量指标的信息通过少数几个主要变量反映出来,从而在较低维度上将信息分解为互不相关的部分,从而获得更有意义的信息。通过主成分分析法和因子分析法,可以有效避免多重共线性问题。关于主成分分析法或因子分析法基本原理和软件操作,读者可以参看相关的统计学教材。

(6) 采用逐步回归法。

例 5.3 利用逐步回归法处理多重共线性问题　假设因变量为 Y，自变量为 X_1、X_2、X_3、X_4，其中 Y、X_1、X_2、X_3 变量与例 5.1 一致。

在 EViews 中进行逐步回归的操作如下。

单击 Quick/Estimate Equation，在"Method"选项中选择"STEPLS"，在"Dependent variable followed by list of always included"选项中填入"y"，在"List of search regressors"中填入"c x1 x2 x3 x4"（见图 5.5）→在"Options"的迭代中止条件"Stopping Criteria"中点选"p-value"（选择以显著性水平 p 值作为判别依据），在两个值"p-value"框中填入"0.05"和"0.05"（以 $p=0.05$ 作为显著水平），其他选择默认（见图 5.6）→单击"确定"按钮，即可得到逐步回归结果，如图 5.7 所示。

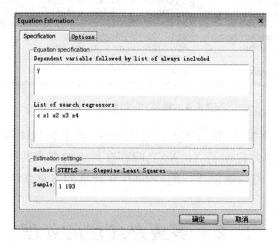

图 5.5　逐步回归法

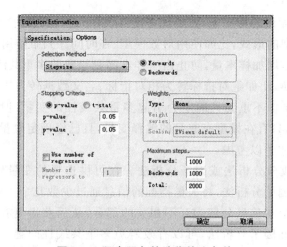

图 5.6　逐步回归的迭代终止条件

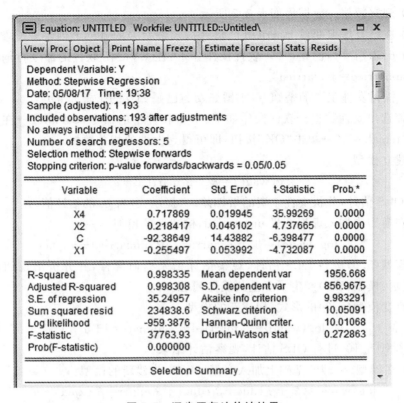

图 5.7 逐步回归法估计结果

从图 5.7 可知,通过逐步回归法估计,EViews 软件自动地排除了多重共线性,保留了解释能力强的变量 X_1、X_2、X_4,去除了解释能力差、可能产生共线性问题的变量 X_3。这与例 5.1 的分析一致。

5.3 实验教程

实验 多重共线性问题

实验目的:了解多重共线性问题的实质及后果,能对常见的多重共线性问题进行处理。

实验仪器、工具、材料:计算机、EViews 软件(3.0 及以上版本)、数据集 Wage1(已婚妇女工资的影响因素)。

实验学时及要求:1 学时,将主要实验结果保存到 Word 文档中。

实验内容及步骤如下。

(1) 观察数据。数据集如表 3.2 所示。

(2) 在已有虚拟变量 married(已婚=1,未婚=0)的基础上创建未婚虚拟变量 unmarried:未婚=1,已婚=0。软件操作如下:在 EViews 软件的命令行输入命令 "genr unmarried=1-married"。

(3) 探讨女性工资的婚姻差(未婚妇女与已婚妇女的工资差异)。

①筛选出女性数据。软件操作如下:单击软件中的命令"Sample"→在对话框中输入"female=1"→单击"OK"按钮,即可得到女性的相关数据。

②建立模型

$$\log(wage) = \beta_0 + \beta_1 married + u \tag{5.8}$$

并进行 OLS 估计,分析女性工资的婚姻差。(提示:分析 β_1 的估计值。)

③在模型中加入虚拟变量 unmarried,构建新的模型:

$$\log(wage) = \beta_0 + \beta_1 married + \beta_2 unmarried + u \tag{5.9}$$

对模型(5.9)进行 OLS 估计,观察估计结果有何异样,并分析出现问题的原因。(提示:模型(5.9)产生了多重共线性问题。)

④改变模型(5.9)的形式,构建新的模型:

$$\log(wage) = \beta_1 married + \beta_2 unmarried + u \tag{5.10}$$

对模型(5.10)进行 OLS 估计,观察估计结果。

(4) 在模型(5.8)的基础上加入变量 educ1,构建新的模型:

$$\log(wage) = \beta_0 + \beta_1 educ + \beta_2 educ1 + \beta_3 exper + \beta_4 exper^2 + u \tag{5.11}$$

对模型(5.11)进行 OLS 估计,观察估计结果有何异样。

(5) 对实验进行总结。

第6章
序列相关性检验及处理

在截面数据回归中,我们主要关注误差项的异方差现象,而在时间序列回归中,我们关注的重点却是误差项的序列相关性问题。与异方差性相似,模型存在序列相关性不会导致 OLS 估计量出现偏差,但是会导致 OLS 估计量的方差估计有偏,此时 OLS 估计量就不再是 BLUE 的了,而且 OLS 估计量的标准误差和检验统计量不再有效。一般来说,模型存在序列相关性会导致 OLS 估计量的方差增大,从而导致 t 统计量和 F 统计量偏小,因而接受原假设时犯错的可能性增大,t 检验和 F 检验也就失去了意义。基于此,在时间序列分析中,在使用估计方程进行统计推断或预测之前,应检验误差项的序列相关性,否则统计推断或预测可能是无效的。

序列相关是指误差项与其滞后项相关。序列相关性来源于经济数据之间普遍存在的时间相关性或时间惯性,序列相关的本质是时间序列的自相关性。对于线性回归模型

$$Y_t = \beta_0 + \beta_1 X_{1t} + \beta_2 X_{2t} + \cdots + \beta_k X_{kt} + u_t \quad (t = 1, 2, \cdots, T) \tag{6.1}$$

若随机误差项 u_t 之间不是相互独立的,即存在 $i \neq j$ 使得协方差 $\text{cov}(u_i, u_j) \neq 0$,则称模型存在序列相关性。若 u_t 与 u_{t-p} 之间具有序列相关性,则称模型存在 p 阶序列相关性。

判断误差项是否存在序列相关,可以采用作图观察法和残差项回归检验法,但这些方法以经验性判断为主。实际操作中大多借助 EViews 软件进行序列相关性检验,主要的方法有 DW(Durbin-Waston)检验、Breush-Godfrey LM(Breush-Godfrey Lagrange Multiplier)检验、Q-统计量检验,其中 DW 检验和 LM 检验是常用方法。

6.1 序列相关 DW 检验

6.1.1 序列相关 DW 检验的原理及步骤

对于序列相关性的检验,杜宾·瓦森(Durbin Watson)于 1950 年提出了一种简洁的 DW 检验(DW test),主要用于检验相邻残差之间是否存在相关性,即残差序列是否存在一阶序列相关。当模型(6.1)满足下列条件时,DW 检验有效:

(1) 模型包括常数项;

(2) 残差只存在一阶序列相关;

(3) 模型的解释变量中不包括滞后的因变量。

EViews 软件将 DW 统计量作为回归标准输出的一部分,无论是截面数据回归还是时间序列回归,EViews 软件都会在回归结果中给出 DW 统计量,只是在截面数据回归中,DW 统计量不被关注。

DW 检验的原理:对于模型(6.1),假设误差项 u_t 满足方程

$$u_t = \delta u_{t-1} + \varepsilon_t \quad (t=1,2,\cdots,T) \tag{6.2}$$

其中 ε_t 为随机误差项且不存在序列相关性,则 DW 检验法主要是对假设 $H_0:\delta=0;H_1:\delta>0$ 进行检验。当 H_1 成立时,u_t 至少存在一阶序列相关;当 H_0 成立时,u_t 不存在序列相关。

DW 检验的步骤如下。

(1) 对模型(6.1)进行 OLS 估计,得到残差序列 u_t;

(2) 构造并计算 DW 统计量。

$$\text{DW} = \sum_{t=2}^{T}(u_t - u_{t-1})^2 / \sum_{t=2}^{T} u_t^2$$

(3) 根据表 6.1 做出判断。

表 6.1 DW 检验

DW 值	DW≤d_L	d_L<DW<d_U	d_U≤DW≤$4-d_U$	$4-d_U$<DW<$4-d_L$	DW≥$4-d_L$
检验判断	拒绝 H_0	无法判断	接受 H_0	无法判断	拒绝 H_0
检验结果	序列正相关	无法得到	无序列相关	无法得到	序列负相关

注:表中 d_L、d_U 为 DW 检验下临界值和上临界值(与概率水平、自变量个数、观测值个数有关)。一般的计量经济学教科书上都附有 DW 检验临界值表。

DW 的分布与自变量 X 的取值有关,导致 DW 的分布非常复杂,很难得到精确的分布。Durbin 和 Watson 通过模拟,得到了 DW 分布的临界值的上下限 d_L、d_U,且这些上下限只与样本的容量 n 和解释变量的个数 k 有关,而与解释变量 X 的取值无关。利用上下限 d_L、d_U 可以对序列相关性进行粗略的判断。

(4) 由于 DW≈$2(1-\delta)$,而 $-1\leqslant\delta\leqslant1$,因此在实际中可以进行经验性的判断:
①DW 值接近于 2 时,可以认为模型没有序列相关性;
②DW 值接近于 0 时,可以认为模型存在很强的序列正相关;
③DW 值接近于 4 时,可以认为模型存在很强的序列负相关。

6.1.2 序列相关 DW 检验在 EViews 中的实现

DW 检验在 EViews 中比较直观,其操作也比较简单:对模型(6.1)进行 OLS 回归,在表格形式的回归结果中提供有 DW 值。根据 DW 值可以经验性地判断模型是否存在序列相关。但是从 DW 检验只能知道模型至少存在一阶序列相关,但究竟存在几阶序列相关,DW 检验无法判断。

例 6.1 序列相关 DW 检验应用 以美国的消费(CONS)、国内生产总值(GDP)的关系为例,时间范围为 1947 年第一季度到 1995 年第一季度。

对回归模型 $CONS_t = \beta_0 + \beta_1 GDP_t + u_t$ 进行 OLS 估计，估计结果如图 6.1 所示。从图中可见，DW＝0.118 789，查 DW 分布临界值表得 $d_L=1.758$，$d_U=1.779$，因此 $0<DW<d_L$，可以确定误差项存在正的序列相关。

```
Dependent Variable: CONS
Method: Least Squares
Date: 07/30/15   Time: 16:32
Sample: 1947Q1 1995Q1
Included observations: 193

Variable          Coefficient   Std. Error    t-Statistic   Prob.
C                 -192.5713     8.706431      -22.11828     0.0000
GDP                0.705430     0.002656      265.6130      0.0000

R-squared             0.997300    Mean dependent var     1956.668
Adjusted R-squared    0.997286    S.D. dependent var     856.9675
S.E. of regression   44.64560    Akaike info criterion   10.44570
Sum squared resid    380706.8    Schwarz criterion       10.47951
Log likelihood      -1006.010    Hannan-Quinn criter.    10.45939
F-statistic          70550.24    Durbin-Watson stat       0.118789
Prob(F-statistic)     0.000000
```

图 6.1 CONS、GDP 回归结果

DW 检验虽然比较方便，但是也存在以下几方面的缺陷。
(1) 存在两个无法判断的区域：$d_L<DW<d_U$ 和 $4-d_U<DW<4-d_L$；
(2) 解释变量中含有因变量的滞后项时，检验失效；
(3) 只能检验一阶序列相关，对是否存在高阶序列相关无法检验。

为了解决这些问题，实际中 DW 检验通常与其他检验方法结合起来使用，其中 LM 检验是常用的一种方法。

6.2 序列相关 LM 检验

序列相关 LM(lagrange multiplier)检验由 Breusch 和 Godfrey 于 1978 年提出，该检验克服了 DW 检验的缺陷，适用于高阶序列相关以及模型中存在滞后被解释变量的情形。

6.2.1 序列相关 LM 检验的原理及步骤

序列相关 LM 检验的原理如下。
统计量 $LM=(n-p)R^2$，在大样本下，当 H_0 为真时，LM 统计量服从分布 $\chi^2(p)$，其中，n 为样本容量，p 为序列相关的阶数，R^2 为辅助回归方程

$$u_t = \eta_0 + \eta_1 X_{1t} + \eta_2 X_{2t} + \cdots + \eta_k X_{kt} + \kappa_1 u_{t-1} + \kappa_2 u_{t-2} + \cdots + \kappa_p u_{t-p} + \gamma_t$$

(6.3)

的拟合优度。给定显著水平 α，查临界值 $\chi_\alpha^2(p)$，比较 LM 统计量与 $\chi_\alpha^2(p)$ 的大小：当 LM$<\chi_\alpha^2(p)$ 时，误差项不存在序列相关；当 LM$\geqslant\chi_\alpha^2(p)$ 时，误差项存在 p 阶序列相关。

序列相关 LM 检验的步骤如下。

(1) 对模型(6.1)进行 OLS 估计，得到残差序列 u_t。

(2) 确定希望检验的 p 阶序列相关，对下列模型进行回归：

$$u_t = \beta_0 + \beta_1 X_{1t} + \beta_2 X_{2t} + \cdots + \beta_k X_{kt} + \rho_1 u_{t-1} + \rho_2 u_{t-2} + \cdots + \rho_p u_{t-p} + v_t \tag{6.4}$$

得到回归估计的拟合优度 R^2。

(3) 构建并计算 LM 统计量：LM$=(n-p)R^2 \sim \chi^2(p)$。

(4) 比较 LM 统计量与概率水平为 5%、自由度为 p 的 χ^2 临界值，若 LM 统计量小于临界值，则表明 H_0 成立，模型不存在 1 至 p 阶序列相关；否则模型存在序列相关。

在实际中可以先用 DW 检验判断，若不存在一阶序列相关，则不必再做 LM 检验；若 DW 检验表明存在一阶序列相关，则再补充做 LM 检验。

以上的 LM 检验也可以通过 F 联合检验来完成。

序列相关 F 联合检验的原理如下。

对于回归模型(6.1)，假设误差项 u_t 存在 p 阶序列相关，即 $u_t = \delta_1 u_{t-1} + \delta_2 u_{t-2} + \cdots + \delta_p u_{t-p} + \varepsilon_t$，$\varepsilon_t$ 满足线性回归的经典假设，则可以构建无约束方程 UR 与约束方程 R：

$$\text{UR：} y_t = \beta_0 + \beta_1 X_{1t} + \beta_2 X_{2t} + \cdots + \beta_k X_{kt} + \delta_1 u_{t-1} + \delta_2 u_{t-2} + \cdots + \delta_p u_{t-p} + \varepsilon_t \tag{6.5}$$

$$R：y_t = \beta_0 + \beta_1 X_{1t} + \beta_2 X_{2t} + \cdots + \beta_k X_{kt} + u_t \tag{6.6}$$

约束条件为 $\delta_1 = \delta_2 = \cdots = \delta_p = 0$。

检验假设

$$H_0: \delta_1 = \delta_2 = \cdots = \delta_P = 0; H_1: \delta_1, \delta_2, \cdots, \delta_P \text{ 中至少有一个不为 } 0 \tag{6.7}$$

若 H_0 成立，则模型不存在 1 至 p 阶序列相关；否则模型存在序列相关。该检验是通过构建 F 统计量从而用 F 联合检验法来完成检验。

F 联合检验的步骤与第 3 章中介绍的 F 联合检验一致。

6.2.2 序列相关 LM 检验在 EViews 中的实现

在 EViews 软件中进行序列相关 LM 检验的操作步骤为：对模型(6.4)进行 OLS 回归→在 OLS 估计结果界面，选择 View/Residual Diagnostics/Serial Correlation LM Test→在"Lag Specification"对话框中填入滞后阶数(软件默认为 2)→单击"OK"按钮，得到 LM 检验结果。

例 6.2 序列相关 LM 检验应用 以美国的消费(CONS)、国内生产总值(GDP)的关系为例,时间范围为 1947 年第一季度到 1995 年第一季度。

对回归模型

$$\text{CONS}_t = \beta_0 + \beta_1 \text{GDP}_t + \beta_2 \text{CONS}_{t-1} + u_t \tag{6.8}$$

进行 OLS 估计,估计结果如图 6.2 所示,虽然回归估计结果中也给出了 DW = 1.605,但是由于回归模型解释变量中包含了因变量的滞后变量 CONS_{t-1},违反了 DW 检验的基本假设,因此 DW 检验不再有效,但可以尝试进行 LM 检验。

Variable	Coefficient	Std. Error	t-Statistic	Prob.
C	-10.15739	5.261915	-1.930360	0.0551
GDP	0.051290	0.015900	3.225790	0.0015
CONS(-1)	0.932396	0.022609	41.23991	0.0000
R-squared	0.999735	Mean dependent var		1962.776
Adjusted R-squared	0.999732	S.D. dependent var		854.9860
S.E. of regression	13.99431	Akaike info criterion		8.130680
Sum squared resid	37013.88	Schwarz criterion		8.181578
Log likelihood	-777.5453	Hannan-Quinn criter.		8.151294
F-statistic	356371.9	Durbin-Watson stat		1.605104
Prob(F-statistic)	0.000000			

图 6.2 模型(6.8)回归估计结果

LM 检验思路:检验模型是否具有 1~2 阶序列相关→若序列相关性成立,则进行处理→对序列相关性处理后的模型进行检验,若不再具有序列相关则表明模型只具有 1~2 阶序列相关;若序列相关性仍然成立,则进一步检验高阶序列相关。

LM 检验过程如下。

(1) 检验假设"H_0:模型(6.8)的误差项不存在 1~2 阶序列相关"。

在回归估计结果界面(见图 6.2),单击 View/Residual Tests/Serial Correlation LM Test→在对话框的"Lag Specification"选项中填入滞后阶数(选择软件默认的滞后阶数 2,表示 LM 检验的原假设是"H_0:模型(6.8)的误差项不存在 1~2 阶序列相关",备择假设是"H_1:模型(6.8)的误差项至少存在 1 阶序列相关")→单击"OK"按钮,将得到 LM 检验结果(见图 6.3)。

图 6.3 的 LM 检验结果包括两部分,一部分是 F 检验统计量和伴随概率、LM 统计量及伴随概率;另一部分是 LM 检验辅助回归方程(6.3)的估计结果。

对结果的判断可以通过比较统计量与临界值得到,也可以用伴随概率来判断:当伴随概率小于 0.05 时,我们可以在 5% 显著水平下拒绝原假设;当伴随概率大于 0.05 时,可以在 5% 显著水平下接受原假设。使用伴随概率进行判断,省去了查找临界值进行比较判断的过程,因此更为方便。

图 6.3 的 LM 检验输出结果中给出了 F 统计量和 LM 统计量,两种检验的结果是一致的:F 统计量为 7.226,F 联合检验的伴随概率为 0.000 9,因此在 1% 显著水平

```
Breusch-Godfrey Serial Correlation LM Test:
F-statistic          7.226771   Prob. F(2,187)        0.0009
Obs*R-squared       13.77529   Prob. Chi-Square(2)   0.0010

Test Equation:
Dependent Variable: RESID
Method: Least Squares
Date: 05/08/17   Time: 20:17
Sample: 1947Q2 1995Q1
Included observations: 192
Presample missing value lagged residuals set to zero.

Variable     Coefficient   Std. Error   t-Statistic   Prob.
C            -1.636946     5.121806     -0.319603     0.7496
GDP           0.006293     0.015520      0.405477     0.6856
CONS(-1)     -0.009032     0.022072     -0.409198     0.6829
RESID(-1)     0.161234     0.072467      2.224945     0.0273
RESID(-2)     0.187238     0.072350      2.587934     0.0104

R-squared            0.071746   Mean dependent var    -5.87E-14
Adjusted R-squared   0.051891   S.D. dependent var    13.92085
S.E. of regression  13.55485   Akaike info criterion   8.077063
Sum squared resid   34358.27   Schwarz criterion       8.161894
Log likelihood     -770.3981   Hannan-Quinn criter.    8.111420
F-statistic          3.613386   Durbin-Watson stat      2.059022
Prob(F-statistic)    0.007308
```

图 6.3 序列相关 LM 检验结果

下可以拒绝原假设 H_0；LM 统计量为 13.775，LM 检验的伴随概率为 0.001 0，同样在 1% 显著水平下可以拒绝原假设。从图 6.3 的辅助回归方程估计结果来看，RESID(-1)、RESID(-2) 的系数在 5% 概率水平下都是显著的，表明 1 阶和 2 阶序列相关都存在。

检验结果：原假设"H_0：模型(6.8)的误差项不存在 1~2 阶序列相关"不成立。由此判断模型(6.8)的误差项至少存在 1 阶序列相关。

(2) 验证原假设 H_0：模型(6.8)的误差项只存在 1~2 阶序列相关。

针对假设"H_0：模型(6.8)的误差项只 1~2 阶序列相关；H_1：模型(6.8)的误差项具有 3 阶及 3 阶以上序列相关"进行检验，其思路为：先在 H_0 成立的情况下，对模型进行序列相关性处理，然后检验处理之后的模型是否仍然存在序列相关性问题。

按照方程形式"CONS C GDP CONS(-1) AR(1) AR(2)"进行回归(表示在残差项具有 1~2 阶序列相关的假设下，软件利用 C-O 迭代法对模型(6.8)进行处理)，模型估计结果为 $CONS_t = -86.026 + 0.320 GDP_t + 0.547 CONS_{t-1}$，残差项序列相关形式为 $u_t = 0.530 u_{t-1} + 0.311 u_{t-2}$。

在回归结果界面单击 View/Residual Tests/Serial Correlation LM Test→在对话框的"Lag Specification"选项中填入滞后阶数 2→单击"确定"按钮，得到 LM 检验结果(见图 6.4)。结果显示残差项仍然具有序列相关，因此原假设 H_0：模型

(6.8)的误差项只存在 1～2 阶序列相关不成立。

Breusch-Godfrey Serial Correlation LM Test:

F-statistic	4.868952	Prob. F(2,183)	0.0087
Obs*R-squared	9.599574	Prob. Chi-Square(2)	0.0082

图 6.4　2 阶序列相关假设下的 LM 检验结果

（3）检验原假设 H_0：模型(6.8)的误差项只存在 1～3 阶序列相关。

按照方程形式"CONS C GDP CONS(－1) AR(1) AR(2) AR(3)"进行回归（见图 6.5），在回归结果界面单击 View/Residual Tests/Serial Correlation LM Test→在对话框的"Lag Specification"选项中填入滞后阶数 2→单击"确定"按钮，得到 LM 检验结果（见图 6.6）。图 6.6 的检验结果表明，模型在 3 阶序列相关的前提下经过处理后不再具有序列相关性。

Variable	Coefficient	Std. Error	t-Statistic	Prob.
C	-65.86495	16.84744	-3.909492	0.0001
GDP	0.246547	0.033812	7.291736	0.0000
CONS(-1)	0.653667	0.048134	13.58015	0.0000
AR(1)	0.365709	0.075338	4.854255	0.0000
AR(2)	0.233017	0.075960	3.067620	0.0025
AR(3)	0.218207	0.071975	3.031712	0.0028
R-squared	0.999782	Mean dependent var		1981.293
Adjusted R-squared	0.999776	S.D. dependent var		848.8837
S.E. of regression	12.70435	Akaike info criterion		7.952997
Sum squared resid	29536.30	Schwarz criterion		8.055910
Log likelihood	-745.5583	Hannan-Quinn criter.		7.994690
F-statistic	167835.8	Durbin-Watson stat		1.935702
Prob(F-statistic)	0.000000			
Inverted AR Roots	.90	-.27+.42i	-.27-.42i	

图 6.5　3 阶序列相关处理后模型的估计结果

Breusch-Godfrey Serial Correlation LM Test:

F-statistic	1.697221	Prob. F(2,181)	0.1861
Obs*R-squared	3.479224	Prob. Chi-Square(2)	0.1756

图 6.6　3 阶序列处理后模型的序列相关检验

综合上述检验过程，最终结果为：模型(6.8)的误差项只存在 1～3 阶序列相关。

6.3 序列相关性的处理

如果模型经过检验证明其残差存在序列相关,那么该模型的 OLS 估计不再有效,此时应该先确定模型序列相关的阶数,然后加以处理,以使之满足 OLS 回归的要求。实际中常用广义差分法(generalized difference)和 C-O 迭代法来处理序列相关性问题。

6.3.1 广义差分法(δ 已知)

广义差分法的原理如下。
对于回归模型:
$$Y_t = \beta_0 + \beta_1 X_{1t} + \beta_2 X_{2t} + \cdots + \beta_k X_{kt} + u_t \tag{6.9}$$
假设误差项存在 p 阶序列相关,即
$$u_t = \delta_1 u_{t-1} + \delta_2 u_{t-2} + \cdots + \delta_p u_{t-p} + \varepsilon_t \tag{6.10}$$
其中,ε_t 满足线性回归的经典假设。利用滞后算子 L 对式(6.10)进行变形得
$$(1 - \delta_1 L - \delta_2 L^2 - \cdots - \delta_p L^p) u_t = \varepsilon_t \tag{6.11}$$
在原模型(6.9)两边同时乘以滞后算子 $1 - \delta_1 L - \delta_2 L^2 - \cdots - \delta_p L^p$,原模型变为

$$\begin{aligned}(1 - \delta_1 L - \delta_2 L^2 - \cdots - \delta_p L^p) Y_t =\ & (1 - \delta_1 L - \delta_2 L^2 - \cdots - \delta_p L^p) \beta_0 \\ & + \beta_1 (1 - \delta_1 L - \delta_2 L^2 - \cdots - \delta_p L^p) X_{1t} \\ & + \cdots + \beta_k (1 - \delta_1 L - \delta_2 L^2 - \cdots - \delta_p L^p) X_{kt} \\ & + (1 - \delta_1 L - \delta_2 L^2 - \cdots - \delta_p L^p) u_t \end{aligned} \tag{6.12}$$

即

$$\begin{aligned}(1 - \delta_1 L - \delta_2 L^2 - \cdots - \delta_p L^p) Y_t =\ & \beta_0 (1 - \delta_1 - \delta_2 - \cdots - \delta_p) \\ & + \beta_1 (1 - \delta_1 L - \delta_2 L^2 - \cdots - \delta_p L^p) X_{1t} + \cdots \\ & + \beta_k (1 - \delta_1 L - \delta_2 L^2 - \cdots - \delta_p L^p) X_{kt} + \varepsilon_t \end{aligned} \tag{6.13}$$

将(6.13)式记作
$$Y_t^* = \beta_0^* + \beta_1 X_{1t}^* + \beta_2 X_{2t}^* + \cdots + \beta_k X_{kt}^* + \varepsilon_t \tag{6.14}$$
则模型(6.14)中的 ε_t 不再序列相关了,此时进行 OLS 估计就有效。通过对模型(6.14)进行 OLS 回归再进行简单的计算即可得到模型(6.9)的参数估计值。

特别注意:在利用广义差分法时要注意,由于模型(6.14)是经过差分后得到的,因此损失了观察值,为了弥补这个损失,通常引入观察值。例如一阶序列相关

时,引入第一个观察值

$$Y_1^* = Y_1\sqrt{1-\delta^2}, X_{mi}^* = X_{m1}\sqrt{1-\delta^2} \quad (m=1,2,\cdots,k) \quad (6.15)$$

6.3.2 C-O 迭代法(δ 未知)

虽然广义差分法看起来比较直观,使用起来也比较方便,但是事实上 δ 的值通常是未知的,因此需要事先对 δ 进行估计。Cochrance 和 Orcutt 于 1949 年提出了一种估计 δ 的迭代方法——C-O 迭代法。以下将以一阶序列相关为例进行阐述。

假设模型(6.9)经过检验发现存在一阶序列相关,即 $u_t = \delta u_{t-1} + \varepsilon_t, \varepsilon_t$ 不存在序列相关,δ 未知。

C-O 迭代法的步骤如下。

①估计模型(6.9),得到残差序列 $u_t^{(0)}$。

②用 OLS 估计方程 $u_t^{(0)} = \delta u_{t-1}^{(0)} + \varepsilon_t$,得到 δ 的估计值 $\hat\delta$,其中 ε_t 不存在序列相关。

③用 $\hat\delta$ 表示一阶序列相关系数,对模型(6.9)进行广义差分法估计,即对方程(6.14)进行估计,其中 $Y_1^* = Y_1\sqrt{1-\hat\delta^2}, X_{mi}^* = X_{m1}\sqrt{1-\hat\delta^2} \quad (m=1,2,\cdots,k)$。

④用步骤③中得到的残差序列 $u_t^{(1)}$ 估计方程 $u_t^{(1)} = \delta u_{t-1}^{(1)} + \varepsilon_t$,再次得到 δ 的估计值。重复步骤③。

重复进行步骤④,直到满足预先设定的循环终止条件为止。

当模型存在高阶序列相关时,C-O 迭代法处理步骤同上。

EViews 软件中通过在回归中加入 AR 项来执行 C-O 迭代法估计(以二元回归方程 $Y_t = \beta_0 + \beta_1 X_{1t} + \beta_2 X_{2t} + u_t$ 为例),假设已经确定模型存在 2 阶序列相关,则 C-O 迭代法的操作为:执行回归命令"ls y c x1 x2 ar(1) ar(2)",其他选项都选择默认,软件中已经默认设定了循环终止条件。

软件将给出利用 C-O 迭代法得到的模型估计结果以及序列相关系数 δ 的估计值,它就是 AR(1)、AR(2) 的系数,回归结果中会给出迭代的次数。例如"Convergence achieved after 14 iteration"代表迭代次数为 14。

例 6.3 C-O 迭代法应用 以美国的消费(CONS)、国内生产总值(GDP)的关系为例,时间范围为 1947 年第一季度到 1995 年第一季度。例 6.2 的检验过程已经证明模型 $CONS_t = \beta_0 + \beta_1 GDP_t + \beta_2 CONS_{t-1} + u_t$ 的误差项只存在 1~3 阶序列相关,本例将利用 C-O 迭代法对模型进行处理。

在"模型误差项具有 1~3 阶序列相关"的前提下,按照方程形式"CONS C GDP CONS(-1) AR(1) AR(2) AR(3)"进行回归,回归结果如图 6.7 所示。从图 6.7 中可知,迭代次数为 22 次。

因此,模型最终估计结果为

$$CONS_t = -65.864 + 0.246 GDP_t + 0.653 CONS_{t-1} \quad (6.16)$$

```
Dependent Variable: CONS
Method: Least Squares
Date: 04/04/17   Time: 10:50
Sample (adjusted): 1948Q1 1995Q1
Included observations: 189 after adjustments
Convergence achieved after 22 iterations
```

Variable	Coefficient	Std. Error	t-Statistic	Prob.
C	-65.86495	16.84744	-3.909492	0.0001
GDP	0.246547	0.033812	7.291736	0.0000
CONS(-1)	0.653667	0.048134	13.58015	0.0000
AR(1)	0.365709	0.075338	4.854255	0.0000
AR(2)	0.233017	0.075960	3.067620	0.0025
AR(3)	0.218207	0.071975	3.031712	0.0028

R-squared	0.999782	Mean dependent var		1981.293
Adjusted R-squared	0.999776	S.D. dependent var		848.8837
S.E. of regression	12.70435	Akaike info criterion		7.952997
Sum squared resid	29536.30	Schwarz criterion		8.055910
Log likelihood	-745.5583	Hannan-Quinn criter.		7.994690
F-statistic	167835.8	Durbin-Watson stat		1.935702
Prob(F-statistic)	0.000000			

Inverted AR Roots	.90	-.27+.42i	-.27-.42i

图 6.7　三阶序列相关假设下 C-O 迭代法估计结果

残差项的序列相关形式为

$$u_t = 0.366u_{t-1} + 0.233u_{t-2} + 0.218u_{t-3} \tag{6.17}$$

6.4　实验教程

实验　序列相关性问题

实验目的：了解序列相关问题的实质及后果，能对简单的序列相关问题进行处理。

实验仪器、工具、材料：计算机、EViews 软件（3.0 及以上版本）、数据集 USMacro1（美国宏观经济序列季度数据，数据来源：詹姆斯•H.斯托克，马克•W.沃森.计量经济学[M].3 版.沈根祥、孙燕，译.上海：格致出版社，2012.）。

实验学时及要求：1 学时，将主要实验结果保存到 word 文档中。

实验内容及步骤：

（1）观察数据集。表 6.2 列出了数据集 USMacro1 中的部分数据，数据的时间范围为 1947 年第一季度到 2004 年第四季度，样本数为 232 个。数据集中共包括 RGDP（真实 GDP，单位：亿美元）、RATE（季度利率，单位：%）两个变量。

表 6.2　数据集 USMacro1

	A	B	C
1	Date	RGDP	RATE
2	1947:01	1570.5	0.38
3	1947:02	1568.7	0.38
4	1947:03	1568	0.73667
5	1947:04	1590.9	0.90667
6	1948:01	1616.1	0.99
7	1948:02	1644.6	1
8	1948:03	1654.1	1.05
9	1948:04	1658	1.14
10	1949:01	1633.2	1.17
11	1949:02	1628.4	1.17
12	1949:03	1646.7	1.04333
13	1949:04	1629.9	1.07667
14	1950:01	1696.8	1.10333
15	1950:02	1747.3	1.15333
16	1950:03	1815.8	1.22
17	1950:04	1848.9	1.33667
18	1951:01	1871.3	1.36667
19	1951:02	1903.1	1.49
20	1951:03	1941.1	1.60333

(2) 在研究 RGDP 与 RATE 之间关系的过程中探讨序列相关问题。

①建立模型：

$$Y = \beta_0 + \beta_1 X + u \tag{6.18}$$

其中 $Y = \mathrm{Dlog}(\mathrm{RGDP})$，$X = \mathrm{DRATE}$，D 为差分。对模型(6.18)进行 OLS 估计，观察估计结果中的 DW 值并分析该模型的序列相关问题。

②假设模型(6.18)存在一阶序列相关，在模型中加入 AR(1)项执行 C-O 迭代法估计，再观察 DW 值，判断模型的序列相关问题是否得到修正。(提示：OLS 估计形式为"ls Y c RATE AR(1)"。)

③对模型(6.18)进行序列相关 LM 检验，并判断模型存在多少阶序列相关。

④在模型(6.18)中引入变量 Y(−1)，形成新的模型

$$Y = \beta_0 + \beta_1 Y(-1) + \beta_2 X + u \tag{6.19}$$

并进行 OLS 估计，观察估计结果中的 DW 值。(思考：能否利用 DW 值判断模型的序列相关问题？)

⑤对模型(6.19)进行序列相关 LM 检验并利用 C-O 迭代法估计来处理序列相关问题。

(3) 对实验进行总结。

第7章
非线性回归分析基础

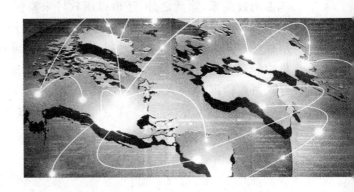

第2～6章的分析是在假设回归函数是线性的基础上进行的。但事实上经济变量之间的关系很复杂,有时候变量 X 对变量 Y 的影响效应不一定是线性的,往往依赖于其他变量的变化,此时单纯利用线性回归模型来分析变量之间的影响存在较大的局限性。实践中,变量之间的关系除了利用线性回归模型进行分析外,很多情况下还需要用到非线性回归分析,本章将介绍几种常用的非线性回归函数,包括多项式模型、对数模型、交互变量模型、Probit 模型和 Logit 模型等。

7.1 确定非线性回归基准模型的方法

对于两个变量 Y 与 X,我们要研究它们之间的非线性函数关系,首先需要确定它们之间的基准函数关系,然后在此基础上逐步引入其他控制变量。对于变量 Y 与 X 来说,可以利用经济理论、经济实践或已有的经验来确定它们之间的非线性基准函数关系,除此之外,还可以用软件来模拟,方法如下。

(1) 首先作出含有回归线的散点图并进行观察。例如,通过图 7.1 可以发现,用线性形式来拟合 Y 与 X 之间的关系时,效果并不好,因为样本点并不是均匀地集中分布在回归线的附近,从样本点的分布来看,似乎用二次多项式来拟合会更好。由此猜测 Y 与 X 之间可能具有二次的系数函数关系:

$$Y = \beta_0 + \beta_1 X + \beta_2 X^2 + u \tag{7.1}$$

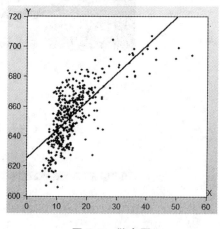

图 7.1 散点图

(2) 作出含有回归直线和二次多项式回归线的散点图,如图 7.2 所示。通过对比观察可以发现,用二次多项式来拟合 Y 与 X 之间的关系效果更好。

在 EViews 软件中作图 7.2 的操作步骤如下。

单击"X",用 Ctrl+鼠标单击"Y",双击打开 X、Y 数组→单击 View/Graph→

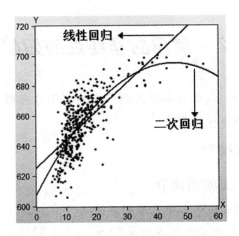

图 7.2 直线和二次多项式拟合对比图

在对话框的"Specific"选项中选择"Scatter",在"Fit lines"选项中选择"Regression Line"→单击"Fit lines"的"Options"选项→单击"Added Elements"下方的"Add"→在"Added Elements"对话框的"Element Type"选项中选择"Regression Line",单击"确定"按钮→在"Added Elements"的对话框中单击第二个"Regression Line",再在"Specification"的"X transformations"中选择"Polynomial",在数字框中填入多项式的最高次数"2"(见图 7.3)→单击"OK"按钮→单击"OK"按钮,即可得到包含有回归直线和二次多项式回归线的散点图。

通过以上方法,可以经验地确定变量之间的非线性基准函数关系。

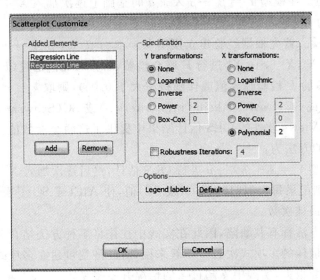

图 7.3 二次多项式拟合选项

7.2 常见的非线性回归模型

非线性函数类型较多,本节主要介绍常用的多项式模型、对数模型、交互变量模型、Probit 模型、Logistic 模型等。

7.2.1 多项式模型

7.2.1.1 多项式模型简介

变量 Y 与 X 之间的 k 次多项式模型是指

$$Y = \beta_0 + \beta_1 X + \beta_2 X^2 + \cdots + \beta_k X^k + u \tag{7.2}$$

将 $X, X^2, \cdots, X^k$ 看作 k 个变量,则模型(7.2)可以用线性回归的方式在 EViews 软件中进行 OLS 估计。例如,对于三次多项式,可以利用命令"ls c x x^2 x^3"进行估计。

模型(7.2)的检验、预测等与多元线性回归模型完全一样。

7.2.1.2 多项式模型最高次数的确定

对于多项式模型来说,其最高次数 k 既不能太小(需要包含足够的信息),也不能太大(容易导致严重的多重共线性),实践中一般采用 t 检验、F 检验、AIC(或SC)来确定 k 的大小。

(1) t 检验。在模型 $Y = \beta_0 + \beta_1 X + u$ 的基础上逐次加入 $X^2, \cdots, X^k$,当加入 X^i 时其系数的 t 检验不显著,则可以考虑取 $k = i - 1$。

(2) F 检验。首先根据经验建立模型 $Y = \beta_0 + \beta_1 X + \beta_2 X^2 + \cdots + \beta_k X^m + u$,在此基础上对 $X^i, X^{i+1}, \cdots, X^m$ 进行 F 联合检验,若检验无法通过(F 统计值小于概率水平为 0.05 的 F 检验临界值或伴随概率大于 0.05),则取 $k = i - 1$。

(3) AIC(或 SC)。AIC(Akaike info criterion)或 SC(Schwarz criterion)是两个信息准则,EViews 软件的 OLS 估计结果中提供了这两个参数值。利用 AIC(或SC)进行判断的方法为:

首先对模型 $Y = \beta_0 + \beta_1 X + u$ 进行 OLS 估计,然后逐次加入 $X^2, \cdots, X^k$ 并进行 OLS 估计,分别记录每次回归的 AIC(或 SC)值,使 AIC(或 SC)达到最小时的 k 值即为多项式的最佳次数。

由于每种方法都有其缺陷,因此在实践中往往将多种方法结合起来进行判断,最终确定一个最佳的多项式次数。一般来说,对经济变量建立多项式模型,其最高次数 k 一般不会很大,实践中 k 超过 3 的情况并不多见。

7.2.2 对数模型

以变量 Y、X 为例。变量 Y 与 X 之间的对数模型包括以下三种情况。

$$\ln Y = \beta_0 + \beta_1 \ln X + \mu \tag{7.3}$$

$$\ln Y = \beta_0 + \beta_1 X + \mu \tag{7.4}$$

$$Y = \beta_0 + \beta_1 \ln X + \mu \tag{7.5}$$

模型(7.3)、模型(7.4)、模型(7.4)分别称为双对数模型、对数线性模型和线性对数模型。

实际操作中可以作出类似图7.4的散点图进行对比观察,在此基础上选择是用线性模型($Y = \beta_0 + \beta_1 X + u$)还是用对数模型(模型(7.3)~模型(7.5)),如果需要用对数模型,则要确定究竟运用哪种形式。

观察图7.4中可知,双对数模型的拟合效果优于对数线性模型的拟合效果。从图7.5可知,双对数拟合和线性对数拟合均优于对数线性拟合,即模型(7.3)、模型(7.5)的拟合效果均比一元线性回归模型的拟合效果好。在模型(7.3)、模型(7.5)之间选择时,可以根据研究目的来确定,比如,需要研究变量 Y 与 X 之间的弹性时,可以采用模型(7.3)。

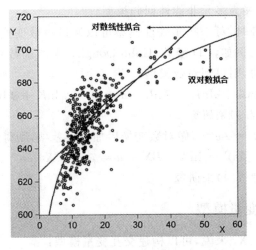

图7.4 对数线性拟合和双对数拟合效果图

在EViews软件中作图7.4的操作与图7.2类似,操作步骤为:

单击"X",ctrl+鼠标单击"Y",双击打开 X、Y 数组→单击 View/Graph→在对话框的"Specific"选项中选择"Scatter",在"Fit lines"选项中选择"Regression Line"→单击"Fit lines"的"Options"选项→单击"Added Elements"下方的"Add"→在"Added Elements"对话框的"Element Type"选项中选择"Regression Line",单击"确定"按钮→在"Added Elements"的对话框中单击第二个"Regression Line",再

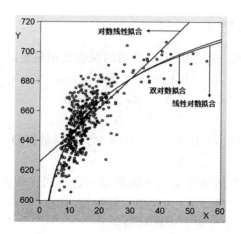

图 7.5 对数线性、双对数、线性对数模型拟合效果图

在"Specification"的"Y transformations"中选择"logarithmic"、"X transformations"中选择"logarithmic"。

在软件中,模型(7.3)~模型(7.5)的回归命令分别为:"ls log(Y) c log(X)" "ls log(Y) c X""ls Y c log(X)"。以模型(7.3)~模型(7.5)为基准模型,进一步添加其他变量,可以扩展为多元非线性回归模型。

在实际问题处理时,对一些非线性模型可以通过对数变换后按照线性回归模型的方法进行研究。例如,CD 函数(Cobb-Douglas 生产函数)$F = AK^{\alpha}L^{\beta}$,做对数变换后加入误差项,则得到对数模型:

$$\ln F = \ln A + \alpha \ln K + \beta \ln L + u = \beta_0 + \beta_1 \ln K + \beta_2 \ln L + u \quad (7.6)$$

可以利用模型(7.3)来研究。

对于指数函数 $Y = Ae^{BX}$,做对数变换后加入误差项,则得到对数模型:

$$\ln Y = \ln A + BX + u = \beta_0 + \beta_1 X + u \quad (7.7)$$

也可以利用模型(7.4)来研究。

7.2.3 交互变量模型

对于变量 Y、X_1、X_2 来说,可以构建交互变量模型:

$$Y = \beta_0 + \beta_1 X_1 + \beta_2 X_2 + \beta_3 X_1 X_2 + \mu \quad (7.8)$$

其中 $X_1 X_2$ 为交互项,其系数 β_3 表示 X_1、X_2 同时变化时对 Y 的影响效应。实践中,模型中是否需要加入交互项,首先取决于变量的经济意义,然后辅以系数的统计学性质来决定:对于简单的交互变量模型(7.8),可以通过系数的 t 检验来决定,即当 β_3 的 t 检验显著时,可以在模型中引入交互项,否则不必引入;而对于较为复杂的模型,需要结合多个变量的 F 联合检验和单个变量的 t 检验来决定。

在 EViews 软件中可以运用命令"ls y c x1 x2 x1 * x2"对模型(7.8)进行估计。

7.2.4 Probit 模型和 Logit 模型

7.2.4.1 模型简介

对于二元被解释变量来说,通常可以采用 Probit 模型或 Logit 模型来研究。具有 k 元回归变量的 Probit 模型为

$$\Pr(Y = 1 \mid X_1, X_2, \cdots, X_k) = \Phi(\beta_0 + \beta_1 X_1 + \beta_2 X_2 + \cdots + \beta_k X_k) \quad (7.9)$$

其中 Φ 为累积标准正态分布函数,$\Pr(Y = 1 \mid X_1, X_2, \cdots, X_k)$ 为 Y 取 1 的条件概率。

具有 k 元回归变量的 Logit 模型为

$$\Pr(Y = 1 \mid X_1, X_2, \cdots, X_k) = F(\beta_0 + \beta_1 X_1 + \beta_2 X_2 + \cdots + \beta_k X_k)$$
$$= \frac{1}{1 + e^{-(\beta_0 + \beta_1 X_1 + \beta_2 X_2 + \cdots + \beta_k X_k)}}$$
$$(7.10)$$

其中 F 为累积标准逻辑斯蒂分布函数,$\Pr(Y = 1 \mid X_1, X_2, \cdots, X_k)$ 为 Y 取 1 的条件概率。

7.2.4.2 Probit 模型和 Logit 模型的估计

以下用含有二元回归变量的模型为例来阐述 Probit 模型和 Logit 模型估计的软件操作方法。

例 7.1 Probit 模型和 Logit 模型应用 设有三个变量 Y、X_1、X_2,以 Y 为被解释变量,解释变量为 X_1、X_2,则 Probit 模型和 Logit 模型的估计在 EViews 软件中的操作如下。

(1) 将数据读入 EViews 软件,部分数据如表 7.1 所示,其中被解释变量 Y 为二元变量(取值为 0,1),解释变量 X_1、X_2 均为实际变量,数据样本数为 10 609 个。

(2) 估计 Probit 模型:

$$\Pr(Y = 1 \mid X_1, X_2) = \Phi(\beta_0 + \beta_1 X_1 + \beta_2 X_2) \quad (7.11)$$

软件操作步骤如下。

单击 Quick/Estimate Equation→在对话框中填入"y c x1 x2","Method"选项中选择"BINARY - Binary Choice (Logit, Probit, Extreme Value)",如图 7.6 所示→在"Binary estimation"选项中选择"Probi"(软件默认的模型选择为"Probi"),如图 7.7 所示→单击"确定"按钮,则得到模型的 Probit 估计,估计结果如图 7.8 所示。

从图 7.8 可知,X_1 增加时对 Y 取 1 具有正向影响,而 X_2 增加时对 Y 取 1 具有负向影响,且两个变量的影响都是显著的。

(3) 估计 Logit 模型时,只需在图 7.7 的"Binary estimation"选项中选择"Logit"即可,Logit 模型的估计结果如图 7.9 所示。

表 7.1 变量 Y、X_1、X_2

	Y	X1	X2
1	0.000000	1.500000	10.00000
2	0.000000	17.00000	12.00000
3	1.000000	2.000000	7.000000
4	0.000000	10.75000	1.000000
5	0.000000	2.000000	7.000000
6	1.000000	5.000000	3.000000
7	0.000000	1.000000	5.000000
8	1.000000	1.000000	4.000000
9	1.000000	10.75000	6.000000
10	1.000000	10.00000	4.000000
11	0.000000	12.00000	5.000000
12	0.000000	4.000000	4.000000
13	1.000000	6.000000	7.000000
14	0.000000	7.000000	7.000000
15	1.000000	10.00000	9.000000

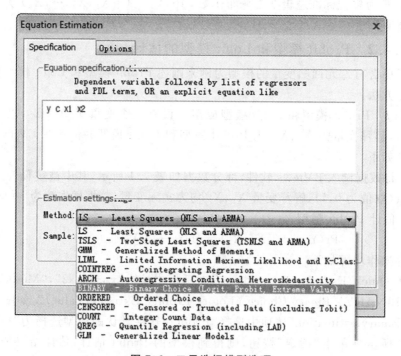

图 7.6 二元选择模型选项

7.2.4.3 解释变量的影响效应

对于 Probit 模型和 Logit 模型来说，二者所反映的信息是一致的，二者的估计结果可以通过数学变换相互推导得到。以下只以 Probit 模型为例阐释变量的影响

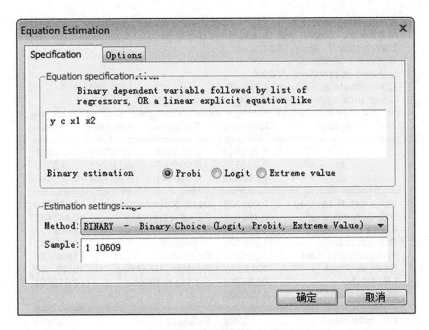

图 7.7　Probit 模型估计选项

```
Dependent Variable: Y
Method: ML - Binary Probit (Quadratic hill climbing)
Date: 01/25/17   Time: 17:12
Sample: 1 10609
Included observations: 10609
Convergence achieved after 4 iterations
Covariance matrix computed using second derivatives
```

Variable	Coefficient	Std. Error	z-Statistic	Prob.
C	0.653811	0.034009	19.22486	0.0000
X1	0.003318	0.000723	4.587265	0.0000
X2	-0.041715	0.006678	-6.246695	0.0000

McFadden R-squared	0.004884	Mean dependent var	0.689038
S.D. dependent var	0.462909	S.E. of regression	0.461533
Akaike info criterion	1.234248	Sum squared resid	2259.217
Schwarz criterion	1.236304	Log likelihood	-6544.069
Hannan-Quinn criter.	1.234942	Deviance	13088.14
Restr. deviance	13152.37	Restr. log likelihood	-6576.185
LR statistic	64.23272	Avg. log likelihood	-0.616841
Prob(LR statistic)	0.000000		
Obs with Dep=0	3299	Total obs	10609
Obs with Dep=1	7310		

图 7.8　Probit 模型估计结果

```
Dependent Variable: Y
Method: ML - Binary Logit (Quadratic hill climbing)
Date: 01/25/17   Time: 17:24
Sample: 1 10609
Included observations: 10609
Convergence achieved after 4 iterations
Covariance matrix computed using second derivatives

Variable      Coefficient   Std. Error   z-Statistic   Prob.

C             1.050919      0.056568     18.57793      0.0000
X1            0.006535      0.001505     4.341051      0.0000
X2           -0.068592      0.010941    -6.268957      0.0000

McFadden R-squared      0.005025    Mean dependent var       0.689038
S.D. dependent var      0.462909    S.E. of regression       0.461483
Akaike info criterion   1.234073    Sum squared resid        2258.725
Schwarz criterion       1.236129    Log likelihood          -6543.142
Hannan-Quinn criter.    1.234767    Deviance                 13086.28
Restr. deviance         13152.37    Restr. log likelihood   -6576.185
LR statistic            66.08553    Avg. log likelihood     -0.616754
Prob(LR statistic)      0.000000

Obs with Dep=0          3299        Total obs                10609
Obs with Dep=1          7310
```

图 7.9 Logit 模型估计结果

效应。

模型(7.11)中 β_1 表示 X_1 变化 1 个单位所引起的 Y 取 1 的概率变化，实际中可以通过以下方法计算概率变化。

对于 $Z = \beta_0 + \beta_1 X_1 + \beta_2 X_2$，由于 $\dfrac{\partial \Pr(Y = 1 \mid X_1, X_2)}{\partial X_1} = \dfrac{1}{\sqrt{2\pi}} e^{-\frac{1}{2}z^2} \beta_1$，因此

$$\Delta \Pr(Y = 1 \mid X_1, X_2) \approx \frac{1}{\sqrt{2\pi}} e^{-\frac{1}{2}z^2} \beta_1 \Delta X_1 \qquad (7.12)$$

图 7.8 中分别得到 β_0、β_1、β_2 的估计值 $\hat{\beta}_0$、$\hat{\beta}_1$、$\hat{\beta}_2$，将 X_1、X_2 的平均值 $\overline{X_1}$、$\overline{X_2}$ 代入 $\overline{Z} = \hat{\beta}_0 + \hat{\beta}_1 \overline{X_1} + \hat{\beta}_2 \overline{X_2}$，计算得到 Z 的估计平均值 $\overline{Z}$。将 β_1 的估计值代入式(7.12)并以 $\overline{Z}$ 代替 Z，计算得到 $\Delta \Pr(Y = 1 \mid X_1, X_2) \approx \alpha \Delta X_1$，表明 X_1 增加 1 个单位时导致 Y 取 1 的概率增加 α。

7.3　实验教程

本节共包括以下 3 个实验。

第7章 非线性回归分析基础

实验1 多项式模型。
实验2 对数模型与交互变量模型。
实验3 Probit 模型。

实验1 多项式模型

实验目的:熟悉多项式模型的基本操作,包括多项式模型与线性模型的比较、多项式模型最高次数的确定以及多项式模型的估计和相关检验。

实验仪器、工具、材料:计算机、EViews 软件(3.0 及以上版本)、数据集 Caschool(美国加利福尼亚州 420 个小学学区在 1999 年的测试成绩和班级规模的数据。数据来源:詹姆斯·H.斯托克,马克·W.沃森.计量经济学[M].3 版.沈根祥,孙燕,译.上海:格致出版社,2012.)。

实验学时及要求:1 学时,将主要实验结果保存到 Word 文档中。

实验内容及步骤如下

(1) 了解数据集。数据集已事先录入 Excel 表格。数据集中包括 TESTSCR (考试成绩)、STR(班级规模)、AVGINC(地区平均收入)等 13 个变量,数据样本数为 420 个,没有缺省数据,数据类型为截面数据。本实验主要用到 TESTSCR、AVGINC 2 个变量。表 7.2 截取了部分数据。

表 7.2 数据集 Caschool

	DISTRICT	GR_SPAR	ENRL_TOT	TECHERS	CALW_PCT	MEAL_PCT	COMPUTER	TESTSCR	COMP_STU	EXPN_STU	STR	AVGINC	EL_PCT	READ_SCR	MATH_SCR
2	Sunol Glen Unified	KK-08	195	10.90	0.51	2.04	67	690.80	0.34	6384.91	17.89	22.69	0.00	691.60	690.00
3	Manzanita Elementary	KK-08	240	11.15	15.42	47.92	101	661.20	0.42	5099.38	21.52	9.82	4.58	660.50	661.90
4	Thermalito Union Elementary	KK-08	1550	82.90	55.03	76.32	169	643.60	0.11	5501.95	18.70	8.98	30.00	636.30	650.90
5	Golden Feather Union Elementary	KK-08	243	14.00	36.48	77.05	85	647.70	0.35	7101.83	17.36	8.98	0.00	651.90	643.50
6	Palermo Union Elementary	KK-08	1335	71.50	33.11	78.43	171	640.85	0.13	5235.99	18.67	9.08	13.86	641.80	639.90
7	Burrel Union Elementary	KK-08	137	6.40	12.32	86.96	25	605.55	0.18	5580.15	21.41	10.41	12.41	605.70	605.40
8	Holt Union Elementary	KK-08	195	10.00	12.90	94.62	28	606.75	0.14	5253.33	19.50	6.58	68.72	604.50	609.00
9	Vineland Elementary	KK-08	888	42.50	18.81	100.00	66	609.00	0.07	4565.75	20.89	8.17	46.96	605.50	612.50
10	Orange Center Elementary	KK-08	379	19.00	32.19	93.14	35	612.50	0.09	5355.55	19.95	7.39	30.08	608.90	616.10
11	Del Paso Heights Elementary	KK-06	2247	108.00	78.99	87.32	0	612.65	0.00	5036.21	20.81	11.61	40.28	611.90	613.40
12	Le Grand Union Elementary	KK-08	446	21.00	18.61	85.87	86	615.75	0.19	4547.69	21.24	8.93	52.91	612.80	618.70
13	West Fresno Elementary	KK-08	987	47.00	71.71	98.61	56	616.30	0.06	5447.35	21.00	7.39	54.61	616.60	616.00
14	Allensworth Elementary	KK-08	103	5.00	22.43	98.13	25	616.30	0.24	6567.15	20.60	5.34	42.72	612.80	619.80
15	Sunnyside Union Elementary	KK-08	487	24.34	24.61	77.15	0	616.30	0.00	4818.61	20.01	8.28	20.53	610.00	622.60
16	Woodville Elementary	KK-08	649	36.00	14.64	76.27	31	616.45	0.05	5621.46	18.03	9.63	80.12	611.90	621.00
17	Pixley Union Elementary	KK-08	852	42.07	24.21	94.30	80	617.35	0.09	6026.36	20.25	7.45	49.41	614.80	619.90
18	Lost Hills Union Elementary	KK-08	491	28.92	11.20	97.76	100	618.05	0.20	6723.24	16.98	6.22	85.54	611.70	624.40
19	Buttonwillow Union Elementary	KK-08	421	25.50	8.55	77.91	50	618.30	0.12	5589.89	16.51	7.76	58.91	614.90	621.70
20	Lennox Elementary	KK-08	6880	303.03	21.28	94.97	960	619.80	0.14	5064.62	22.70	7.02	77.01	619.10	620.50

(2) 在 EViews 软件中创建数据类型为截面数据、观测值为 420 的工作文件(Workfile),将变量 TESTSCR、AVGINC 的数据输入工作文件。

创建空的工作文件:双击打开 EViews 软件→单击"Creat a new EViews workfile"→在"Workfile structure type"选项选择"Unstuctured/Undated",在"Date range"的"Observations"选项中填入数字 420,单击"OK"按钮。

读入数据:复制数据集中的 TESTSCR、AVGINC 数据→单击"Quick/Empty Group(Edit Series)"→将复制的 TESTSCR、AVGINC 数据粘贴到空表中→鼠标右键分别单击 Workfile 中的 ser01、ser02,用"Rename"命令将 ser01、ser02 分别重

命名为 TESTSCR、AVGINC。

(3) 作散点图并观察变量 TESTSCR、AVGINC 之间的关系。要求：散点图中包含直线回归拟合线、二次多项式拟合曲线、三次多项式拟合曲线；将作出的散点图复制粘贴到 Word 文档中，并根据你对散点图的观察，判断两个变量之间是用线性关系来拟合还是用多项式关系来拟合。

①单击 Workfile 中的序列 AVGINC，再用 Ctrl＋鼠标单击 Workfile 中的序列 TESTSCR，双击 TESTSCR、AVGINC 打开数组→单击 View/Graph→在"Graph type"的"Specific"选项中选择"Scatter"，在"Fit lines"选项中选择"Regression Line"，单击"Options"→单击"Add"按钮，在"Element Type"中选择"Regression Line"，单击"OK"按钮→重复上一步：单击"Add"按钮，在"Element Type"中选择"Regression Line"，单击"OK"按钮。

②在"Added Elements"中出现 3 个"Regression Line"，以第 1 个"Regression Line"为直线拟合→单击"Added Elements"中的第 2 个"Regression Line"，在"Y transformations"选项中选择"None"，在"X transformations"选项中选择"Polynomial"，填入数字"2"，如图 7.10 所示→重复上一步：单击"Added Elements"中的第 2 个"Regression Line"，在"Y transformations"选项中选择"None"，在"X transformations"选项中选择"Polynomial"，填入数字"3"→单击"OK"按钮→单击"OK"按钮。作出的散点图如图 7.11 所示。

对于作出的散点图，可以单击"Freeze"后进行编辑（比如，用"AddText"添加文字），然后单击鼠标右键，通过"Copy to Clipboard"复制散点图，在 Word 文档中粘贴即可。

从图 7.11 来看，TESTSCR、AVGINC 之间用多项式拟合比用直线拟合效果更好。

(4) 以 TESTSCR 为被解释变量、以 AVGINC 为解释变量，用多项式模型来研究两个变量之间的关系：分别用一元线性回归模型、二次多项式模型、三次多项式模型来拟合两个变量，观察估计结果的变化，检验假设"AVGINC、$AVGINC^2$、$AVGINC^3$ 的系数都为 0"是否成立。要求：用异方差稳健估计；将估计结果粘贴到 Word 文档中。

多项式模型的稳健估计：①单击 Quick/Estimate Equation→在对话框中填入"TESTSCR c AVGINC"→单击"Options"，在"Coefficient Covariance Matrix"选项中选择"White"→单击"确定"按钮，得到一元线性回归模型的稳健估计结果，如图 7.12 所示。

②重复①的操作，将"TESTSCR c AVGINC"改为"TESTSCR c AVGINC AVGINC^2"，即可得到二次多项式模型的估计结果，如图 7.13 所示。

③重复①的操作，将"TESTSCR c AVGINC"改为"TESTSCR c AVGINC

第 7 章 非线性回归分析基础

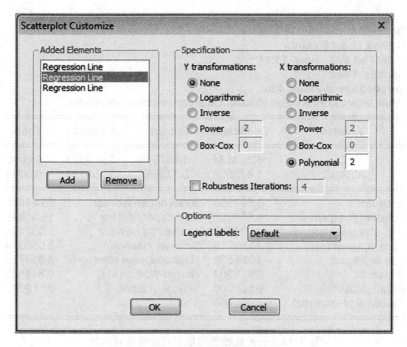

图 7.10 组合散点图对话框

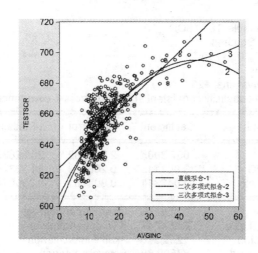

图 7.11 散点图

AVGINC^2 AVGINC^3",即可得到三次多项式模型的稳健估计结果,如图 7.14 所示。

Wald 检验:在图 7.14 界面,单击"View/Coefficient Diagnostics/Wald Test-Coefficient Restrictions"→在对话框中输入"c(2)=0,c(3)=0,c(4)=0",单击 "OK"按钮,得到 Wald 检验结果,如图 7.15 所示。从图 7.15 中可知,F 统计值为

```
Dependent Variable: TESTSCR
Method: Least Squares
Date: 04/11/17   Time: 11:14
Sample: 1 420
Included observations: 420
White heteroskedasticity-consistent standard errors & covariance
```

Variable	Coefficient	Std. Error	t-Statistic	Prob.
C	625.3834	1.867918	334.8023	0.0000
AVGINC	1.878558	0.113637	16.53116	0.0000

R-squared	0.507558	Mean dependent var		654.1565
Adjusted R-squared	0.506380	S.D. dependent var		19.05335
S.E. of regression	13.38652	Akaike info criterion		8.031125
Sum squared resid	74905.19	Schwarz criterion		8.050364
Log likelihood	-1684.536	Hannan-Quinn criter.		8.038729
F-statistic	430.8304	Durbin-Watson stat		0.649545
Prob(F-statistic)	0.000000	Wald F-statistic		273.2792
Prob(Wald F-statistic)	0.000000			

图 7.12 一元线性回归模型的稳健估计结果

```
Dependent Variable: TESTSCR
Method: Least Squares
Date: 04/11/17   Time: 10:55
Sample: 1 420
Included observations: 420
White heteroskedasticity-consistent standard errors & covariance
```

Variable	Coefficient	Std. Error	t-Statistic	Prob.
C	607.3005	2.902082	209.2637	0.0000
AVGINC	3.851113	0.268123	14.36324	0.0000
AVGINC^2	-0.042311	0.004781	-8.850014	0.0000

R-squared	0.556176	Mean dependent var		654.1565
Adjusted R-squared	0.554047	S.D. dependent var		19.05335
S.E. of regression	12.72376	Akaike info criterion		7.931937
Sum squared resid	67509.88	Schwarz criterion		7.960796
Log likelihood	-1662.707	Hannan-Quinn criter.		7.943344
F-statistic	261.2809	Durbin-Watson stat		0.951418
Prob(F-statistic)	0.000000	Wald F-statistic		428.5029
Prob(Wald F-statistic)	0.000000			

图 7.13 二元线性回归模型的稳健估计结果

```
Dependent Variable: TESTSCR
Method: Least Squares
Date: 04/11/17   Time: 11:11
Sample: 1 420
Included observations: 420
White heteroskedasticity-consistent standard errors & covariance

Variable            Coefficient    Std. Error     t-Statistic    Prob.

C                   600.0753       5.103242       117.5871       0.0000
AVGINC              5.019162       0.707494       7.094277       0.0000
AVGINC^2           -0.095823       0.028959      -3.308953       0.0010
AVGINC^3            0.000686       0.000347       1.975351       0.0489

R-squared           0.558416    Mean dependent var     654.1565
Adjusted R-squared  0.555232    S.D. dependent var      19.05335
S.E. of regression  12.70686    Akaike info criterion    7.931639
Sum squared resid   67169.10    Schwarz criterion        7.970117
Log likelihood     -1661.644    Hannan-Quinn criter.     7.946847
F-statistic         175.3547    Durbin-Watson stat       0.981436
Prob(F-statistic)   0.000000    Wald F-statistic       270.1407
Prob(Wald F-statistic) 0.000000
```

图 7.14　三元线性回归模型的稳健估计结果

270.140 7，伴随概率 $p=0.000\ 0<0.05$，由此判断 AVGINC、$AVGINC^2$ 的系数都为 0 的假设不成立。如图 7.15 可知，χ^2 检验结果与 F 联合检验结果一致。

```
Wald Test:
Equation: EQ03

Test Statistic        Value         df         Probability

F-statistic          270.1407      (3, 416)     0.0000
Chi-square           810.4222      3            0.0000


Null Hypothesis: C(2)=C(3)=C(4)=0
Null Hypothesis Summary:

Normalized Restriction (= 0)    Value         Std. Err.

C(2)                            5.019162      0.707494
C(3)                           -0.095823      0.028959
C(4)                            0.000686      0.000347

Restrictions are linear in coefficients.
```

图 7.15　Wald 检验结果

观察图 7.12～图 7.14，AVGINC、$AVGINC^2$、$AVGINC^3$ 的系数都是显著的，拟合优度逐渐增大。结合 Wald 检验结果，可以认为三元多项式模型优于一元线性回归模型和二次多项式模型。

实验2 对数模型与交互变量模型

实验目的:了解多元回归模型中交互变量的意义,熟悉对数模型与交互变量模型的基本操作,能在比较线性回归模型和非线性回归模型的基础上选择合适的模型形式进行建模。

实验仪器、工具、材料:计算机、EViews 软件(3.0 及以上版本)、数据集 CPS04(数据来源:詹姆斯·H.斯托克,马克·W.沃森.计量经济学[M].3 版.沈根祥,孙燕,译.上海:格致出版社,2012.)。

实验学时及要求:1 学时,将主要实验结果保存到 Word 文档中。

实验内容及步骤如下。

(1) 了解数据。数据集中包括 AHE(平均小时收入,单位:美元)、BACHELOR(有学位=1)、FEMALE(女性=1)、AGE(年龄,最大 34 岁,最小 25 岁)等 4 个变量,样本数为 7 986 个,无缺省数据,数据类型为截面数据。BACHELOR、FEMALE 为虚拟变量。部分数据如表 2.5 所示。

(2) 建立 AHE 对 AGE、BACHELOR、FEMALE 的回归模型:

$$AHE = \beta_0 + \beta_1 AGE + \beta_2 BACHELOR + \beta_3 FEMALE + u \quad (7.13)$$

若 AGE 从 25 岁增加到 26 岁,则预期收入变化多少?若 AGE 从 33 岁增加到 34 岁,则预期收入变化多少?

采用稳健估计:单击 Quick/Estimate Equation→在对话框中填入"AHE c AGE BACHELOR FEMALE"→单击"Options",在"Coefficient Covariance Matrix"选项中选择"White"→单击"确定"按钮,将得到一元线性回归模型的估计结果,如图 7.16 所示。

由图 7.16 可知估计方程为

$$\widehat{AHE} = 1.884 + 0.439 AGE + 6.8659 BACHELOR - 3.158 FEMALE$$

当 AGE 从 25 岁增加到 26 岁、从 33 岁增加到 34 岁时,收入的增加量都等于 AGE 的系数估计值 0.439。

(3) 建立 ln(AHE)对 AGE、BACHELOR、FEMALE 的回归模型:

$$\ln(AHE) = \beta_0 + \beta_1 AGE + \beta_2 BACHELOR + \beta_3 FEMALE + u \quad (7.14)$$

若 AGE 从 25 岁增加到 26 岁,则预期收入变化多少?若 AGE 从 33 岁增加到 34 岁,则预期收入变化多少?

采用稳健估计:操作同(2),在对话框中填入"log(AHE) c AGE BACHELOR FEMALE"。估计结果如图 7.17 所示。

由图 7.17 可知估计方程为

$$\ln(AHE) = 1.856 + 0.024 AGE + 0.405 BACHELOR - 0.180 FEMALE$$

第 7 章 非线性回归分析基础

```
Dependent Variable: AHE
Method: Least Squares
Date: 04/13/17   Time: 11:17
Sample: 1 7986
Included observations: 7986
White heteroskedasticity-consistent standard errors & covariance
```

Variable	Coefficient	Std. Error	t-Statistic	Prob.
C	1.883797	0.897242	2.099542	0.0358
AGE	0.439204	0.030151	14.56676	0.0000
BACHELOR	6.865150	0.185029	37.10308	0.0000
FEMALE	-3.157864	0.175588	-17.98449	0.0000

R-squared	0.189998	Mean dependent var		16.77115
Adjusted R-squared	0.189694	S.D. dependent var		8.758696
S.E. of regression	7.884317	Akaike info criterion		6.968129
Sum squared resid	496180.7	Schwarz criterion		6.971628
Log likelihood	-27819.74	Hannan-Quinn criter.		6.969327
F-statistic	624.0988	Durbin-Watson stat		1.892619
Prob(F-statistic)	0.000000	Wald F-statistic		545.3021
Prob(Wald F-statistic)	0.000000			

图 7.16　模型(7.13)的稳健估计结果

```
Dependent Variable: LOG(AHE)
Method: Least Squares
Date: 04/13/17   Time: 11:28
Sample: 1 7986
Included observations: 7986
White heteroskedasticity-consistent standard errors & covariance
```

Variable	Coefficient	Std. Error	t-Statistic	Prob.
C	1.856457	0.053522	34.68557	0.0000
AGE	0.024443	0.001779	13.74135	0.0000
BACHELOR	0.405275	0.010362	39.11053	0.0000
FEMALE	-0.180464	0.010341	-17.45119	0.0000

R-squared	0.192372	Mean dependent var		2.693601
Adjusted R-squared	0.192068	S.D. dependent var		0.508536
S.E. of regression	0.457098	Akaike info criterion		1.272662
Sum squared resid	1667.747	Schwarz criterion		1.276161
Log likelihood	-5077.741	Hannan-Quinn criter.		1.273860
F-statistic	633.7524	Durbin-Watson stat		1.883129
Prob(F-statistic)	0.000000	Wald F-statistic		634.6346
Prob(Wald F-statistic)	0.000000			

图 7.17　模型(7.14)的稳健估计结果

由于 $\dfrac{\partial \text{AHE}}{\text{AHE}}/\partial \text{AGE}=2.4\%$，则 AGE 从 25 岁增加到 26 岁、从 33 岁增加到 34 岁时，AHE 都增加了 2.4%。

(4) 建立 ln(AHE) 对 ln(AGE)、BACHELOR、FEMALE 的回归模型：

$$\ln(AHE) = \beta_0 + \beta_1 \ln(AGE) + \beta_2 BACHELOR + \beta_3 FEMALE + u \quad (7.15)$$

若 AGE 从 25 岁增加到 26 岁,则预期收入变化多少?若 AGE 从 33 岁增加到 34 岁,则预期收入变化多少?

采用稳健估计:操作同(2),在对话框中填入"log(AHE) c log(AGE) BACHELOR FEMALE"。估计结果如图 7.18 所示。

```
Dependent Variable: LOG(AHE)
Method: Least Squares
Date: 04/13/17   Time: 11:29
Sample: 1 7986
Included observations: 7986
White heteroskedasticity-consistent standard errors & covariance
```

Variable	Coefficient	Std. Error	t-Statistic	Prob.
C	0.128284	0.177452	0.722919	0.4698
LOG(AGE)	0.724697	0.052321	13.85093	0.0000
BACHELOR	0.405233	0.010360	39.11541	0.0000
FEMALE	-0.180296	0.010339	-17.43827	0.0000

R-squared	0.192685	Mean dependent var		2.693601
Adjusted R-squared	0.192381	S.D. dependent var		0.508536
S.E. of regression	0.457009	Akaike info criterion		1.272275
Sum squared resid	1667.100	Schwarz criterion		1.275773
Log likelihood	-5076.193	Hannan-Quinn criter.		1.273472
F-statistic	635.0300	Durbin-Watson stat		1.883076
Prob(F-statistic)	0.000000	Wald F-statistic		635.9464
Prob(Wald F-statistic)	0.000000			

图 7.18 模型(7.15)的稳健估计结果

由图 7.18 可知估计方程为

$$\widehat{\ln(AHE)} = 0.128 + 0.724\ln(AGE) + 0.405 BACHELOR - 0.180 FEMALE$$

由于 $\dfrac{\partial AHE}{AHE} \Big/ \dfrac{\partial AGE}{AGE} = 0.724$,当 AGE 从 25 岁增加到 26 岁时,AGE 增加了 4%,则 AHE 增加了 $0.724 \times 4\% = 2.896\%$;同样,AGE 从 33 岁增加到 34 岁时,AHE 增加 3.03%,则 AHE 增加了 $0.724 \times 3.03\% = 2.194\%$。

(5) 建立 ln(AHE)对 AGE、AGE^2、BACHELOR、FEMALE 的回归模型:

$$\ln(AHE) = \beta_0 + \beta_1 AGE + \beta_2 AGE^2 + \beta_3 BACHELOR + \beta_4 FEMALE + u$$
$$(7.16)$$

若 AGE 从 25 岁增加到 26 岁,则预期收入变化多少?若 AGE 从 33 岁增加到 34 岁,则预期收入变化多少?

采用稳健估计:操作同(2),在对话框中填入"log(AHE) c AGE AGE^2 BACHELOR FEMALE"。估计结果如图 7.19 所示。

由图 7.19 可知估计方程为

```
Dependent Variable: LOG(AHE)
Method: Least Squares
Date: 04/13/17   Time: 11:27
Sample: 1 7986
Included observations: 7986
White heteroskedasticity-consistent standard errors & covariance
```

Variable	Coefficient	Std. Error	t-Statistic	Prob.
C	0.058733	0.612598	0.095876	0.9236
AGE	0.147045	0.041647	3.530781	0.0004
AGE^2	-0.002071	0.000702	-2.947622	0.0032
BACHELOR	0.405077	0.010357	39.10993	0.0000
FEMALE	-0.179787	0.010335	-17.39555	0.0000

R-squared	0.193255	Mean dependent var	2.693601
Adjusted R-squared	0.192850	S.D. dependent var	0.508536
S.E. of regression	0.456876	Akaike info criterion	1.271819
Sum squared resid	1665.923	Schwarz criterion	1.276192
Log likelihood	-5073.371	Hannan-Quinn criter.	1.273316
F-statistic	477.9597	Durbin-Watson stat	1.882994
Prob(F-statistic)	0.000000	Wald F-statistic	478.6551
Prob(Wald F-statistic)	0.000000		

图 7.19　模型(7.16)的稳健估计结果

$$\widehat{\ln(AHE)} = 0.059 + 0.147 AGE - 0.002 AGE^2 + 0.405 BACHELOR - 0.180 FEMALE$$

由于

$$\frac{\partial AHE}{AHE} / \partial AGE = 0.147 - 0.004 AGE$$

则当 AGE 从 25 岁增加到 26 岁时，AHE 增加了 $(0.147 - 0.004 \times 25) \times 100\% = 4.7\%$；同样，当 AGE 从 33 岁增加到 34 岁时，AHE 增加了 $(0.147 - 0.004 \times 33) \times 100\% = 1.5\%$。

(6) 比较(3)~(5)的回归结果。

比较(4)与(3)：二者差别不大，但对系数的经济意义解释不同，(4)是从弹性的角度进行解释的。

比较(5)与(3)：(5)中 AGE^2 的系数显著，拟合优度较(3)有所提高，BACHELOR、FEMALE 的系数估计与(3)相比变化不大；(5)中 $\frac{\partial AHE}{AHE} / \partial AGE = 0.147 - 0.004 AGE$，表明年龄对收入的影响与年龄有关，即年龄较小时，随年龄增加收入随之增加，而年龄较大时，随年龄增加收入也会随之增加，但年龄较大时收入的增幅小于年龄较小时收入的增幅，这与实际情况相符。

通过对(3)~(5)的回归结果进行比较，可以认为(5)更为合适。

(7) 建立 ln(AHE) 对 AGE、AGE^2、BACHELOR、FEMALE 以及交互项 BACHELOR×FEMALE 的回归模型：

$$\ln(\text{AHE}) = \beta_0 + \beta_1 \text{AGE} + \beta_2 \text{AGE}^2 + \beta_3 \text{BACHELOR} + \beta_4 \text{FEMALE} \quad (7.17)$$
$$+ \beta_5 \text{BACHELOR} \times \text{FEMALE} + u$$

其中交互项的系数度量了什么？

采用稳健估计：操作同(2)，在对话框中填入"log(AHE) c AGE AGE^2 BACHELOR FEMALE BACHELOR * FEMALE"。估计结果如图7.20所示。

```
Dependent Variable: LOG(AHE)
Method: Least Squares
Date: 04/13/17   Time: 19:35
Sample: 1 7986
Included observations: 7986
White heteroskedasticity-consistent standard errors & covariance
```

Variable	Coefficient	Std. Error	t-Statistic	Prob.
C	0.078424	0.611919	0.128161	0.8980
AGE	0.146180	0.041602	3.513735	0.0004
AGE^2	-0.002052	0.000702	-2.923595	0.0035
BACHELOR	0.378187	0.014036	26.94379	0.0000
FEMALE	-0.209956	0.014001	-14.99619	0.0000
BACHELOR*FEMALE	0.063590	0.020767	3.062117	0.0022

R-squared	0.194186	Mean dependent var	2.693601
Adjusted R-squared	0.193681	S.D. dependent var	0.508536
S.E. of regression	0.456641	Akaike info criterion	1.270914
Sum squared resid	1663.999	Schwarz criterion	1.276162
Log likelihood	-5068.758	Hannan-Quinn criter.	1.272710
F-statistic	384.6067	Durbin-Watson stat	1.881296
Prob(F-statistic)	0.000000	Wald F-statistic	389.5128
Prob(Wald F-statistic)	0.000000		

图7.20 模型(7.17)的稳健估计结果

BACHELOR和FEMALE都是虚拟变量，交互项BACHELOR×FEMALE的系数度量了学位、性别都具有差别时的平均收入差别，即度量了女子组的收入学历差-男子组的收入学历差或有学位组的收入性别差-无学位组的收入性别差。

实验3 Probit模型

实验目的：了解线性概率模型与Probit模型的区别，熟悉Probit模型估计的软件操作，理解Probit模型估计参数的意义。

实验仪器、工具、材料：计算机、EViews软件（3.0及以上版本）、数据集Smoking（数据来源：詹姆斯·H.斯托克，马克·W.沃森.计量经济学[M].3版.沈根祥，孙燕，译.上海：格致出版社，2012.）。

实验学时及要求：1学时，将主要实验结果保存到Word文档中。

实验内容及步骤如下。

(1) 了解数据。数据集中包括SMOKER、SMKBAN、AGE、HSDROP、HSGRAD、COLSOME、COLGRAD、BLACK、HISPANIC、FEMALE等10个变量

(变量定义见表7.3),数据样本数为10 000个,没有缺省数据,数据类型为截面数据,除AGE外其他变量都是二元虚拟变量。表7.4截取了部分数据。

表7.3 数据集Smoking中变量的定义

变量	定义
SMOKER	烟民虚拟变量,如果当前为烟民则取1,否则取0
SMKBAN	禁烟虚拟变量,如果工作区禁烟则取1,否则取0
AGE	年龄,单位为岁
HSDROP	高中退学虚拟变量,如果高中退学则取1,否则取0
HSGRAD	高中毕业虚拟变量,如果高中毕业则取1,否则取0
COLSOME	大学虚拟变量,如果在大学就学则取1,否则取0
COLGRAD	大学毕业虚拟变量,如果为大学毕业则取1,否则取0
BLACK	肤色虚拟变量,如果为黑人则取1,非黑人则取0
HISPANIC	西班牙裔虚拟变量,如果为西班牙裔则取1,非西班牙裔则取0
FEMALE	性别虚拟变量,如果为女性则取1,是男性则取0

表7.4 数据集Smoking

	A	B	C	D	E	F	G	H	I	J
1	SMOKER	SMKBAN	AGE	HSDROP	HSGRAD	COLSOME	COLGRAD	BLACK	HISPANIC	FEMALE
2	1	1	41	0	1	0	0	0	0	1
3	1	1	44	0	0	1	0	0	0	1
4	0	0	19	0	0	1	0	0	0	1
5	1	0	29	0	1	0	0	0	0	1
6	0	1	28	0	0	1	0	0	0	1
7	0	0	40	0	0	1	0	0	0	0
8	1	1	47	0	0	1	0	0	0	1
9	0	0	36	0	0	1	0	0	0	0
10	0	1	49	0	0	1	0	0	0	0
11	0	0	44	0	0	0	1	0	0	1
12	0	0	33	0	0	1	0	0	0	0
13	0	0	49	0	1	0	0	0	0	1
14	0	1	28	0	0	1	0	0	0	0
15	0	1	32	0	0	1	0	0	0	0
16	0	1	29	0	0	1	0	0	0	1
17	0	0	47	0	1	0	0	0	0	1
18	0	1	36	0	0	1	0	0	0	1
19	0	1	48	0	0	1	0	0	0	1
20	1	1	28	0	1	0	0	0	0	0

(2) 以SMOKER为因变量,SMKBAN、AGE、AGE^2、HSDROP、HSGRAD、COLSOME、COLGRAD、BLACK、HISPANIC、FEMALE为自变量建立线性概率模型,估计工作场所禁烟对戒烟的影响效应,分析年龄变化对吸烟的影响。

和多元回归模型估计一样进行OLS估计,结果如图7.21所示。从图中可知,工作场所禁烟对戒烟的影响效应约为 -0.047，即工作场所禁烟将降低吸烟概率 4.72%。该影响效应显著。

```
Dependent Variable: SMOKER
Method: Least Squares
Date: 04/13/17   Time: 21:30
Sample: 1 10000
Included observations: 10000
```

Variable	Coefficient	Std. Error	t-Statistic	Prob.
C	-0.014110	0.043282	-0.325998	0.7444
SMKBAN	-0.047240	0.008718	-5.418704	0.0000
AGE	0.009674	0.001982	4.882291	0.0000
AGE^2	-0.000132	2.33E-05	-5.654513	0.0000
HSDROP	0.322714	0.019846	16.26091	0.0000
HSGRAD	0.232701	0.015094	15.41673	0.0000
COLSOME	0.164297	0.015384	10.67965	0.0000
COLGRAD	0.044798	0.016014	2.797411	0.0052
BLACK	-0.027566	0.015729	-1.752590	0.0797
HISPANIC	-0.104816	0.013926	-7.526636	0.0000
FEMALE	-0.033257	0.008536	-3.896093	0.0001

R-squared	0.056993	Mean dependent var		0.242300
Adjusted R-squared	0.056049	S.D. dependent var		0.428496
S.E. of regression	0.416315	Akaike info criterion		1.086349
Sum squared resid	1731.273	Schwarz criterion		1.094280
Log likelihood	-5420.745	Hannan-Quinn criter.		1.089034
F-statistic	60.37119	Durbin-Watson stat		1.875183
Prob(F-statistic)	0.000000			

图 7.21　线性概率模型的 OLS 估计

从图 7.21 可知 $\partial SMOKER/\partial AGE=0.0097-0.000264 AGE$，表明吸烟的概率与年龄之间呈现出倒 U 形关系，即当年龄较小时，随着年龄增加，吸烟的概率增加；当年龄增加到一定程度时（0.0097/0.000264，约为 37 岁），随着年龄增加，吸烟的概率下降。

(3) 以 SMOKER 为因变量，SMKBAN、AGE、AGE^2、HSDROP、HSGRAD、COLSOME、COLGRAD、BLACK、HISPANIC、FEMALE 为自变量，利用 Probit 模型进行估计。

Probit 模型估计的操作步骤如下。

单击 Quick/Estimate Equation→在对话框中填入"SMOKER c SMKBAN AGE AGE^2 HSDROP HSGRAD COLSOME COLGRAD BLACK HISPANIC FEMALE"，在"Method"选项中选择"BINARY-Binary Choice（Logit，Probit，Extreme Value）"→在"Binary estimation"选项中选择"Probit"→单击"确定"按钮，将得到模型的 Probit 估计结果，如图 7.22 所示。

从图 7.22 可知，SMKBAN 对 SMOKER 具有负向影响，即工作场所禁烟将降低吸烟概率，这与(2)的结果一致。但图 7.22 中 SMKBAN 的系数 -0.159 不再是

```
Dependent Variable: SMOKER
Method: ML - Binary Probit (Quadratic hill climbing)
Date: 04/13/17   Time: 21:56
Sample: 1 10000
Included observations: 10000
Convergence achieved after 5 iterations
Covariance matrix computed using second derivatives
```

Variable	Coefficient	Std. Error	z-Statistic	Prob.
C	-1.734927	0.152582	-11.37045	0.0000
SMKBAN	-0.158630	0.028996	-5.470683	0.0000
AGE	0.034511	0.006936	4.975557	0.0000
AGE^2	-0.000468	8.28E-05	-5.645344	0.0000
HSDROP	1.141611	0.072043	15.84628	0.0000
HSGRAD	0.882671	0.059778	14.76582	0.0000
COLSOME	0.677119	0.060935	11.11221	0.0000
COLGRAD	0.234684	0.065060	3.607206	0.0003
BLACK	-0.084279	0.052650	-1.600746	0.1094
HISPANIC	-0.338274	0.047753	-7.083764	0.0000
FEMALE	-0.111731	0.028820	-3.876802	0.0001

McFadden R-squared	0.054414	Mean dependent var		0.242300
S.D. dependent var	0.428496	S.E. of regression		0.415830
Akaike info criterion	1.049374	Sum squared resid		1727.241
Schwarz criterion	1.057305	Log likelihood		-5235.868
Hannan-Quinn criter.	1.052058	Deviance		10471.74
Restr. deviance	11074.33	Restr. log likelihood		-5537.166
LR statistic	602.5967	Avg. log likelihood		-0.523587
Prob(LR statistic)	0.000000			
Obs with Dep=0	7577	Total obs		10000
Obs with Dep=1	2423			

图 7.22　Probit 模型估计结果

其对 SMOKER 的影响效应。

（4）假设 A 先生是一名非西班牙高中退学的 20 岁白人，A 先生没有遭遇工作场所禁烟的规定，利用(3)的结果计算 A 先生吸烟的概率。若 A 先生遭遇工作场所禁烟的规定，计算 A 先生吸烟的概率。思考：为何不用(2)的结果计算 A 先生吸烟的概率？

从 A 先生的个人信息中可以得到各个变量的取值：$SMKBAN=0, AGE=20$, $AGE^2=400, HSDROP=1, HSGRAD=0, COLSOME=0, COLGRAD=0$, $BLACK=0, HISPANIC=0, FEMALE=0$，由图 7.22 的结果可以计算 A 先生吸烟的概率为

$$p=\Phi(-1.735+20\times 0.035-0.00047\times 400+1.142\times 1)$$
$$\approx \Phi(-0.09)=0.4611=46.11\%$$

若 A 先生遭遇工作场所禁烟的规定，则 $SMKBAN=1$，其他变量的取值不变，则 A 先生吸烟的概率为

$$p=\Phi(-1.735-0.159\times 1+20\times 0.035-0.00047\times 400+1.142\times 1)$$
$$=\Phi(-0.24)=0.4013=40.13\%$$

当用(2)的结果来计算 A 先生的吸烟概率时，有可能出现概率值大于 1 或小于

0的情况,导致计算结果没有实际意义。因此实际中一般用Probit模型或Logit模型来处理二元选择问题。

7.4 综合案例分析

案例 贸易份额变化对经济增长率的影响

利用数据集Growth探索TRADESHARE(贸易份额)对GROWTH(经济增长率)的影响(数据来源:詹姆斯·H.斯托克,马克·W.沃森.计量经济学[M].3版.沈根祥,孙燕,译.上海:格致出版社,2012.)。数据集Growth中包括7个变量,样本数为64,变量定义如表7.5所示,表7.6截取了部分数据。

表7.5 数据集Growth中变量的定义

变 量	定 义
COUNTRY_NAME	国家名
GROWTH	1960—1995年实际GDP的年均增长率
RGDP60	1960年的人均GDP(以1960年的美元计算)
TRADESHARE	1960—1995年的平均贸易份额(计算公式:进出口总额/GDP)
YEARSSCHOOL	1960年成人居民的平均受教育年限
REV_COUPS	1960—1995年的年均社会动荡次数(革命、暴动、叛乱等)
ASSASINATIONS	1960—1995年的年均政治谋杀次数(单位:次数/百万人口)

(1) TRADESHARE与GROWTH之间是线性关系还是非线性关系?

(2) 以GROWTH为因变量、以TRADESHARE为自变量建立一元线性回归模型,在该模型的基础上可以引入YEARSSCHOOL(学习年限)作为控制变量,那么YEARSSCHOOL应该以什么形式引入(是YEARSSCHOOL、log(YEARSSCHOOL)还是多项式形式)?

(3) 假设建立了模型:

$$GROWTH = \beta_0 + \beta_1 TRADESHARE + \beta_2 \log(YEARSSCHOOL)$$
$$+ \beta_3 REV\_COUPS + \beta_4 ASSASINATIONS + \beta_5 \log(RGDP60) + u$$

(7.18)

表 7.6 数据集 Growth

	A	B	C	D	E	F	G
1	COUNTRY_NAME	GROWTH	RGDP60	TRADESHARE	YEARSSCHOOL	REV_COUPS	ASSASINATIONS
2	India	1.915168	765.9998	0.140502	1.45	0.133333	0.8666667
3	Argentina	0.617645	4462.001	0.156623	4.99	0.933333	1.933333
4	Japan	4.304759	2954	0.157703	6.71	0	0.2
5	Brazil	2.930097	1784	0.160405	2.89	0.1	0.1
6	United States	1.712265	9895.004	0.160815	8.66	0	0.4333333
7	Bangladesh	0.708263	951.9998	0.221458	0.79	0.306482	0.175
8	Spain	2.880327	3123.001	0.299406	3.8	0.066667	1.433333
9	Colombia	2.227014	1684	0.313073	2.97	0.1	0.7666667
10	Peru	0.060206	2019	0.324613	3.02	0.266667	0.5666667
11	Haiti	-0.65793	923.9999	0.324746	0.7	0.374074	0.2
12	Australia	1.975147	7782.002	0.329479	9.03	0	0.0666667
13	Italy	2.932981	4564	0.330022	4.56	0.033333	1.2
14	Greece	3.22405	2093	0.337879	4.37	0.166667	0.1666667
15	France	2.431281	5823	0.339706	4.65	0	0.3
16	Zaire	-2.81194	488.9999	0.352318	0.54	0.148148	0.0555556
17	Uruguay	1.025309	3968	0.358857	5.07	0	0.1666667
18	Mexico	1.973942	2836	0.393251	2.41	0	0.1666667
19	Pakistan	2.698163	638	0.417604	0.63	0.266667	0.2666667
20	Niger	-2.75148	531.9999	0.425837	0.2	0.133333	0

在此模型的基础上，①检验 ASSASINATIONS 和 REV_COUPS 两个变量的系数是否都等于 0；② 确定是否需要引入交互变量 TRADESHARE × ln(YEARSSCHOOL)；③ 确定是否需要引入变量 $TRADESHARE^2$、$TRADESHARE^3$。

案例分析：

（1）该问题可以通过观察散点图进行判断。根据本章所学知识，我们可以通过比较线性关系、对数关系、多项式关系来决定二者之间的关系。

作出线性拟合（GROWTH—TRADESHARE）、线性对数拟合（GROWTH—logTRADESHARE）对比散点图（见图 7.23）。由图 7.23 可知，各样本点呈现扩散性分布，不具有线性对数关系，而线性关系也并不一定合适。可以考虑用多项式关系来拟合。

作出二次多项式拟合（GROWTH—TRADESHARE、$TRADESHARE^2$）、三次多项式拟合（GROWTH—TRADESHARE、$TRADESHARE^2$、$TRADESHARE^3$）对比散点图（见图 7.24）。由图 7.24 可知，多项式拟合效果比线性拟合效果好，但二次多项式和三次多项式之间尚无法比较，有待于在多元回归方程中进行甄别。

综上，TRADESHARE 与 GROWTH 之间具有非线性关系，可以考虑用多项式关系来拟合 TRADESHARE 与 GROWTH 之间的关系。

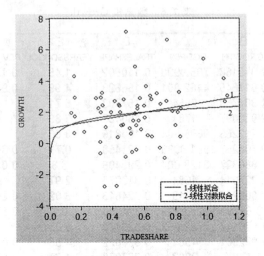

图 7.23 线性拟合与线性对数拟合

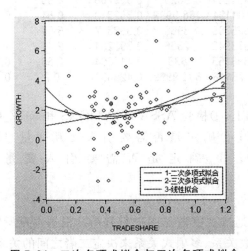

图 7.24 二次多项式拟合与三次多项式拟合

(2) 在引入控制变量时需要考虑变量的形式,可以通过散点图进行观察,并结合模型的 OLS 估计结果的对比。

由(1)可知,TRADESHARE 与 GROWTH 之间具有非线性关系,那么在引入控制变量时,考虑到模型自由度的问题,不宜再考虑因变量与控制变量之间的非线性关系,因此,可以考虑用对数形式引入。

首先作出线性拟合(GROWTH—YEARSSCHOOL)、线性对数拟合(GROWTH—log(YEARSSCHOOL))对比散点图(见图 7.25)。

由图 7.25 可知,线性对数拟合优于线性拟合。再比较两个多元线性回归模型:

第7章 非线性回归分析基础

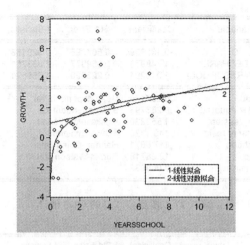

图 7.25 线性拟合与线性对数拟合

$$\text{GROWTH} = \beta_0 + \beta_1 \text{TRADESHARE} + \beta_2 \text{YEARSSCHOOL} + u \quad (7.19)$$
$$\text{GROWTH} = \beta_0 + \beta_1 \text{TRADESHARE} + \beta_2 \ln(\text{YEARSSCHOOL}) + u \quad (7.20)$$

的 OLS 估计结果(见图 7.26、图 7.27),通过比较拟合优度、t 统计值、残差平方和可知,模型(7.20)的 OLS 估计结果优于模型(7.19)的。

Variable	Coefficient	Std. Error	t-Statistic	Prob.
C	-0.122236	0.662669	-0.184461	0.8543
TRADESHARE	1.897823	0.936047	2.027486	0.0470
YEARSSCHOOL	0.242975	0.083702	2.902860	0.0051
R-squared	0.160612	Mean dependent var		1.869120
Adjusted R-squared	0.133091	S.D. dependent var		1.816189
S.E. of regression	1.691016	Akaike info criterion		3.934277
Sum squared resid	174.4317	Schwarz criterion		4.035475
Log likelihood	-122.8969	Hannan-Quinn criter.		3.974144
F-statistic	5.835993	Durbin-Watson stat		2.156163
Prob(F-statistic)	0.004796			

图 7.26 模型(7.19)的 OLS 估计

综上可知,可以将 ln(YEARSSCHOOL)作为控制变量引入模型中。

(3) 对于问题(1)来说,可以运用 EViews 软件的 Wald 检验来完成,其实质是 F 联合检验,即检验假设

H_0:ASSASINATIONS 和 REV_COUPS 两个变量的系数都等于 0;

H_1:ASSASINATIONS 和 REV_COUPS 两个变量的系数至少有一个不等于 0。

Wald 检验的操作步骤为:对模型(7.18)进行 OLS 回归(见图 7.28)→在回归结果界面,单击"View/Coefficient Diagnostics/Wald Test-Coefficient

Variable	Coefficient	Std. Error	t-Statistic	Prob.
C	-0.185739	0.564285	-0.329158	0.7432
TRADESHARE	1.748978	0.859977	2.033751	0.0463
LOG(YEARSSCHOOL)	1.016291	0.223090	4.555521	0.0000
R-squared	0.287170	Mean dependent var		1.869120
Adjusted R-squared	0.263798	S.D. dependent var		1.816189
S.E. of regression	1.558330	Akaike info criterion		3.770847
Sum squared resid	148.1320	Schwarz criterion		3.872045
Log likelihood	-117.6671	Hannan-Quinn criter.		3.810714
F-statistic	12.28718	Durbin-Watson stat		2.127440
Prob(F-statistic)	0.000033			

图 7.27　模型(7.20)的 OLS 估计

Variable	Coefficient	Std. Error	t-Statistic	Prob.
C	11.74591	2.919804	4.022842	0.0002
TRADESHARE	1.103530	0.833158	1.324515	0.1905
LOG(YEARSSCHOOL)	2.161291	0.362655	5.959641	0.0000
REV_COUPS	-2.299537	1.004465	-2.289315	0.0257
ASSASINATIONS	0.227719	0.433651	0.525121	0.6015
LOG(RGDP60)	-1.621135	0.398505	-4.068047	0.0001
R-squared	0.453173	Mean dependent var		1.869120
Adjusted R-squared	0.406033	S.D. dependent var		1.816189
S.E. of regression	1.399724	Akaike info criterion		3.599487
Sum squared resid	113.6351	Schwarz criterion		3.801882
Log likelihood	-109.1836	Hannan-Quinn criter.		3.679220
F-statistic	9.613287	Durbin-Watson stat		1.965998
Prob(F-statistic)	0.000001			

图 7.28　模型(7.18)的 OLS 估计

Wald Test:
Equation: Untitled

Test Statistic	Value	df	Probability
F-statistic	2.827961	(2, 58)	0.0673
Chi-square	5.655923	2	0.0591

Null Hypothesis: C(4)=C(5)=0
Null Hypothesis Summary:

Normalized Restriction (= 0)	Value	Std. Err.
C(4)	-2.299537	1.004465
C(5)	0.227719	0.433651

Restrictions are linear in coefficients.

图 7.29　Wald 检验结果

Restrictions"→在弹出的对话框中输入"c(4)=0,c(5)=0",单击"OK"按钮,即可

得到检验结果,如图 7.29 所示。从图中可知,F 统计值的伴随概率($p=0.067\ 3$)大于 5%,表明在 5%显著水平下接受原假设 H_0。χ^2 检验的伴随概率($p=0.059\ 1$)大于 5%,也给出了同样的结论。

对于问题(2),主要观察回归结果中 TRADESHARE×ln(YEARSSCHOOL)的系数及其对模型中其他变量的影响。在模型(7.18)的基础上加入变量 TRADESHARE×ln(YEARSSCHOOL)得到新的模型:

$$\text{GROWTH}=\beta_0+\beta_1\text{TRADESHARE}+\beta_2\log(\text{YEARSSCHOOL})+\beta_3\text{REV\_COUPS}\\+\beta_4\text{ASSASINATIONS}+\beta_5\log(\text{RGDP60})+\beta_6\text{TRADESHARE}\\\times\ln(\text{YEARSSCHOOL})+u \tag{7.21}$$

对其进行 OLS 回归(见图 7.30)。比较图 7.28 与图 7.30 可知,两个模型拟合优度变化不大,各变量的估计值、t 统计量变化不大,但 TRADESHARE × ln(YEARSSCHOOL)的系数不显著(t 统计量的伴随概率 $p=0.523\ 7>5\%$)。由此可知,TRADESHARE×ln(YEARSSCHOOL)的引入对其他变量没有干扰,但 TRADESHARE×ln(YEARSSCHOOL)在统计上不显著,即该变量对于解释 GROWTH 的变化帮助不大。

Variable	Coefficient	Std. Error	t-Statistic	Prob.
C	11.49852	2.959949	3.884701	0.0003
TRADESHARE	1.882806	1.475292	1.276226	0.2071
LOG(YEARSSCHOOL)	2.524742	0.673620	3.748020	0.0004
REV_COUPS	-2.350210	1.012683	-2.320775	0.0239
ASSASINATIONS	0.224205	0.435902	0.514347	0.6090
LOG(RGDP60)	-1.641397	0.401784	-4.085269	0.0001
TRADESHARE*LOG(YEARSSCHOOL)	-0.690085	1.075573	-0.641598	0.5237

R-squared	0.457094	Mean dependent var	1.869120
Adjusted R-squared	0.399946	S.D. dependent var	1.816189
S.E. of regression	1.406878	Akaike info criterion	3.623541
Sum squared resid	112.8204	Schwarz criterion	3.859669
Log likelihood	-108.9533	Hannan-Quinn criter.	3.716563
F-statistic	7.998416	Durbin-Watson stat	1.978954
Prob(F-statistic)	0.000003		

图 7.30 模型(7.21)的 OLS 估计结果

对于问题(3),需要对变量 TRADESHARE^2、TRADESHARE^3 进行联合检验。在模型(7.18)的基础上加入形成新的模型:

$$\text{GROWTH}=\beta_0+\beta_1\text{TRADESHARE}+\beta_2\log(\text{YEARSSCHOOL})+\beta_3\text{REV\_COUPS}\\+\beta_4\text{ASSASINATIONS}+\beta_5\log(\text{RGDP60})+\alpha_1\text{TRADESHARE}^2\\+\alpha_2\text{TRADESHARE}^3+u \tag{7.22}$$

以模型(7.22)为无约束方程、以模型(7.18)为约束方程进行联合检验。

该检验可以利用 EViews 软件的缺省变量检验完成,操作步骤为:对模型(7.18)进行 OLS 估计→在估计结果界面,单击 Coefficient Diagnostics/Omitted

Variabes Test-Likelihood Ratio，在对话框的"One or more test series to add"栏中填入"Tradeshare^2 Tradeshare^3"，如图 7.31 所示→单击"OK"按钮，即可得到检验结果，如图 7.32 所示。

图 7.31 缺省变量检验对话框

```
Omitted Variables Test
Equation: EQ03
Specification: GROWTH C TRADESHARE LOG(YEARSSCHOOL)
    REV_COUPS ASSASINATIONS LOG(RGDP60)
Omitted Variables: TRADESHARE^2 TRADESHARE^3
```

	Value	df	Probability
F-statistic	0.948996	(2, 56)	0.3933
Likelihood ratio	2.133186	2	0.3442

Variable	Coefficient	Std. Error	t-Statistic	Prob.
C	12.92906	3.098466	4.172730	0.0001
TRADESHARE	-5.701948	9.755116	-0.584508	0.5612
LOG(YEARSSCHOOL)	2.133188	0.366953	5.813239	0.0000
REV_COUPS	-2.035454	1.025945	-1.983979	0.0522
ASSASINATIONS	0.102111	0.443506	0.230236	0.8187
LOG(RGDP60)	-1.584348	0.407943	-3.883751	0.0003
TRADESHARE^2	8.487880	17.43505	0.486829	0.6283
TRADESHARE^3	-2.759737	9.249783	-0.298357	0.7665

R-squared	0.471099	Mean dependent var	1.869120
Adjusted R-squared	0.404986	S.D. dependent var	1.816189
S.E. of regression	1.400956	Akaike info criterion	3.628656
Sum squared resid	109.9100	Schwarz criterion	3.898516
Log likelihood	-108.1170	Hannan-Quinn criter.	3.734967
F-statistic	7.125699	Durbin-Watson stat	2.029610

图 7.32 缺省变量检验结果

缺省变量检验的结果包括两个部分：上半部分是 F 联合检验结果，下半部分是辅助回归方程的估计结果。从图 7.32 可知，F 统计量的伴随概率 $p=0.3933>0.05$，因此变量 $TRADESHARE^2$、$TRADESHARE^3$ 不必引入模型（7.18）中。辅助回归方程的估计结果中 $TRADESHARE^2$、$TRADESHARE^3$ 都不显著，也给出了同样的结果。

第8章
时间序列分析基础

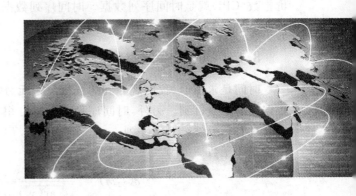

本章以介绍时间序列的基础知识为主,先介绍时间序列及其相关概念,比如滞后变量、差分运算、自相关、平稳性及检验、格兰杰因果关系及检验、协整关系及检验等,再选取几种常用的时间序列模型进行介绍,主要包括自回归(AR)模型、移动平均(MA)模型、自回归移动平均(ARIMA)模型、自回归分布滞后(ADL)模型、自回归条件异方差(ARCH)模型、误差修正模型(ECM)等,最后设计了几个实验教程及案例分析。

8.1 时间序列基础

经济数据主要包括时间序列数据、截面数据和面板数据等类型,当数据的截面固定而时间可变时就形成时间序列数据,时间序列数据在形式上体现出按照时间先后顺序排列的特性。比如 1990—2014 年我国的国内生产总值(GDP)、消费者物价指数(CPI)就是时间序列数据。时间序列数据中的时间包括年度、半年度、季度、月度、星期、天等类型。

8.1.1 时间序列的自相关性

时间是永恒的,我们观测到的数据只是无穷时间序列数据中的一段,这与截面数据具有本质区别。另外,时间序列还具有自相关特性,表现为不同时点随机变量之间具有相关性。对于序列 $\{y_t, t=1,2,\cdots,T\}$,通常简记为 y_t,其自相关性通常用自相关函数

$$\rho(s,m) = \frac{\text{cov}(y_s, y_m)}{\sqrt{\text{var}(y_s)}\sqrt{\text{var}(y_m)}} \tag{8.1}$$

进行度量,其中 s、m 为两个时点,$\text{cov}(y_s, y_m)$ 为 y_s、y_m 的协方差,$\text{var}(y_s)$、$\text{var}(y_m)$ 分别表示 y_s、y_m 的方差。

8.1.2 时间序列的滞后和差分变换

8.1.2.1 时间序列的滞后变换

将时间序列 y_t 沿着时间后移得到的新的时间序列 y_{t-k} 称为 y_t 的 k 阶滞后序列,可以用滞后算子记作 $y_{t-k} = L^k y_t$。对时间序列每滞后一次,会损失一个观察值。

使用 EViews 命令 $y(-k)$ 即可得到 y 的 k 阶滞后序列。例如,我国 1995—2014 年的国内生产总值构成时间序列 $\{\text{GDP}_t, t=1995, 1996, \cdots, 2014\}$,在 EViews 命令窗口分别输入命令"genr gdp1=y(-1)""genr gdp2=y(-2)""genr gdp3=y(-3)",即可得到 GDP 的 1~3 阶滞后序列 $\text{GDP}_1 = \text{GDP}_{-1}$、$\text{GDP}_2 = \text{GDP}_{-2}$、$\text{GDP}_3 = \text{GDP}_{-3}$,如表 8.1 所示。

表 8.1　GDP 及其 1~3 阶滞后序列

obs	GDP	GDP1	GDP2	GDP3
1995	61129.80	NA	NA	NA
1996	71572.30	61129.80	NA	NA
1997	79429.50	71572.30	61129.80	NA
1998	84883.70	79429.50	71572.30	61129.80
1999	90187.70	84883.70	79429.50	71572.30
2000	99776.30	90187.70	84883.70	79429.50
2001	110270.4	99776.30	90187.70	84883.70
2002	121002.0	110270.4	99776.30	90187.70
2003	136564.6	121002.0	110270.4	99776.30
2004	160714.4	136564.6	121002.0	110270.4
2005	185895.8	160714.4	136564.6	121002.0
2006	217656.6	185895.8	160714.4	136564.6
2007	268019.4	217656.6	185895.8	160714.4
2008	316751.7	268019.4	217656.6	185895.8
2009	345629.2	316751.7	268019.4	217656.6
2010	408903.0	345629.2	316751.7	268019.4
2011	484123.5	408903.0	345629.2	316751.7
2012	534123.0	484123.5	408903.0	345629.2
2013	588018.8	534123.0	484123.5	408903.0
2014	636462.7	588018.8	534123.0	484123.5

8.1.1.2　时间序列的差分变换

时间序列 y_t 的 k 阶差分记为 $\Delta^k y_t$，它度量的是时间序列 y_{t-k} 和 y_t 之间的变化。例如 $\Delta^k y_t = \Delta^{k-1} y_t - (\Delta^{k-1} y_t)(-1), \cdots, \Delta^2 y_t = \Delta y_t - (\Delta y_t)(-1), \Delta y_t = y_t - y_{t-1}$。对时间序列每差分一次，将会损失一个观察值。

使用 EViews 命令 $d(y,k)$ 可以得到 y 的 k 阶差分。例如，在 EViews 命令窗口分别输入命令"genr dgdp1=d(gdp,1)""genr dgdp2=d(gdp,2)""genr dgdp3=d(gdp,3)"，可以得到 GDP 的 1~3 阶差分序列 $DGDP_1 = \Delta GDP$、$DGDP_2 = \Delta^2 GDP$、$DGDP_3 = \Delta^3 GDP$，如表 8.2 所示。

表 8.2　GDP 及其 1~3 阶差分序列

obs	GDP	DGDP1	DGDP2	DGDP3
1995	61129.80	NA	NA	NA
1996	71572.30	10442.50	NA	NA
1997	79429.50	7857.200	-2585.300	NA
1998	84883.70	5454.200	-2403.000	182.3000
1999	90187.70	5304.000	-150.2000	2252.800
2000	99776.30	9588.600	4284.600	4434.800
2001	110270.4	10494.10	905.5000	-3379.100
2002	121002.0	10731.60	237.5000	-668.0000
2003	136564.6	15562.60	4831.000	4593.500
2004	160714.4	24149.80	8587.200	3756.200
2005	185895.8	25181.40	1031.600	-7555.600
2006	217656.6	31760.80	6579.400	5547.800
2007	268019.4	50362.80	18602.00	12022.60
2008	316751.7	48732.30	-1630.500	-20232.50
2009	345629.2	28877.50	-19854.80	-18224.30
2010	408903.0	63273.80	34396.30	54251.10
2011	484123.5	75220.50	11946.70	-22449.60
2012	534123.0	49999.50	-25221.00	-37167.70
2013	588018.8	53895.80	3896.300	29117.30
2014	636462.7	48443.90	-5451.900	-9348.200

8.2 时间序列的平稳性及其检验

8.2.1 时间序列的平稳性

时间序列的平稳性有严平稳与宽平稳两种定义方式,由于严平稳对序列平稳的要求非常苛刻,因此在一般的计量经济学分析中,只需要时间序列具有宽平稳性即可。

对于时间序列 $\{y_t, t = 1, 2, \cdots, T\}$,若 $E(y_t) = \mu$,$\mathrm{var}(y_t) = \sigma^2$,且对于所有的 t 与 s,$\mathrm{cov}(y_t, y_{t-s})$ 只与时间间隔 s 有关,而与时间起点 t 无关,则 $\{y_t, t = 1, 2, \cdots, T\}$ 称为宽平稳时间序列,其中 e、var 分别为期望和方差,μ、σ 为常数。

如果非平稳序列 $\{y_t, t = 1, 2, \cdots, T\}$ 的一阶差分为平稳的,则称 $\{y_t\}$ 为一阶单整的,记为 $\{y_t\} \sim I(1)$;如果非平稳序列 $\{y_t, t = 1, 2, \cdots, T\}$ 需要经过 d 次差分才能成为平稳序列,则称 $\{y_t\}$ 为 d 阶单整的,记为 $\{y_t\} \sim I(d)$。平稳序列 $\{y_t\}$ 通常称为 0 阶单整序列,记为 $\{y_t\} \sim I(0)$。在利用时间序列建立模型时,对于非平稳序列通常需要进行差分或对数变换使之成为平稳序列,否则模型会出现伪回归问题。

8.2.2 时间序列的平稳性检验

8.2.2.1 时间序列平稳性检验的基本原理

时间序列的平稳性检验可以用 EViews 软件来实现。在 EViews 软件中,检验序列的平稳性主要体现在对序列单位根的检验。对于时间序列 y_t 来说,时间趋势(time trend)和单位根(unit root)过程都会导致序列出现非平稳情况,实际操作中可以根据模型

$$y_t = c + \delta t + \rho y_{t-1} + \varepsilon_t \tag{8.2}$$

中常数项 c 和 y_{t-1} 的系数 ρ 的情况来判断 y_t 的平稳性:

(1) $c = 0, \delta = 0$,此时序列无常数项和时间趋势项,即数据由

$$y_t = \rho y_{t-1} + \varepsilon_t \tag{8.3}$$

过程生成,此时需基于模型(8.3)进行检验假设。原假设 $H_0: \rho = 1$,备择假设 $H_1: \rho < 1$。如果原假设 H_0 成立,则序列 y_t 有单位根,此时 y_t 非平稳;如果原假设 H_0 不成立,则序列 y_t 没有单位根,此时 y_t 平稳。

(2) $c \neq 0, \delta = 0$,此时序列有常数项但没有时间趋势项,即数据由

$$y_t = c + \rho y_{t-1} + \varepsilon_t \tag{8.4}$$

过程生成,此时需基于模型(8.4)来检验假设。原假设 $H_0: \rho = 1$,备择假设 $H_1: \rho < 1$。如果原假设 H_0 成立,则序列 y_t 有单位根,此时 y_t 非平稳;如果原假设 H_0

不成立,则序列 y_t 没有单位根,此时 y_t 平稳。

(3) $c \neq 0, \delta \neq 0$,此时序列有常数项和时间趋势项,即数据由

$$y_t = c + \delta t + \rho y_{t-1} + \varepsilon_t \qquad (8.5)$$

过程生成,此时需基于模型(8.5)来检验假设。原假设 $H_0: \rho = 1$,备择假设 $H_1: \rho < 1$,如果原假设成立,则序列 y_t 有单位根,此时 y_t 非平稳;否则 y_t 是平稳序列。

8.2.2.2 时间序列平稳性的 DF 检验

EViews 软件中检验序列平稳性的方法有:ADF 检验(augmented Dickey-Fuller test)、DFGLS(Dickey-Fuller GLS)、PP 检验(Philips-Perron test)、KPSS 检验(Kwiatkowski-Philips-Schmidt-Shin test)、ERSPO 检验(Elliott-Rothenberg-Stock point-optimal test)、Ng-Perron 检验等,实际操作中使用比较普遍的方法是 ADF 检验。ADF 检验的前身是 Dickey 和 Fuller(1979)创建的 DF 检验(Dickey-Fuller test)。

将检验模型(8.3)~模型(8.5)两边同时减去 y_{t-1},得到新的检验模型

$$\Delta y_t = \alpha y_{t-1} + \varepsilon_t \qquad (8.6)$$

$$\Delta y_t = c + \alpha y_{t-1} + \varepsilon_t \qquad (8.7)$$

$$\Delta y_t = c + \delta t + \alpha y_{t-1} + \varepsilon_t \qquad (8.8)$$

其中 $\alpha = \rho - 1$,Δy_t 是 y_t 的一阶差分。

对原模型(8.3)~模型(8.5)检验假设,原假设 $H_0: \rho = 1$,备择假设 $H_1: \rho < 1$,等价于对模型(8.6)~模型(8.8)检验假设,原假设 $H_0: \alpha = 0$,备择假设 $H_1: \alpha < 0$。对模型(8.6)进行 OLS 回归估计,得到参数估计量 α 及其 t 统计量,利用 t 检验可以检验假设。但实际上 t 统计量 $t_\alpha = \alpha / \sqrt{\text{var}(\alpha)}$ 并不服从 t 分布,Dickey 和 Fuller (1979)证明当样本量趋于无穷大时,t_α 近似服从一种特殊 Dickey-Fuller 分布,通过模拟,Dickey 和 Fuller 给出了 Dickey-Fuller 分布的临界值。在此基础上,Dickey 和 Fuller 也给出了模型(8.6)~模型(8.8)的 OLS 估计量的检验临界值。

DF 检验所依赖的原始模型(8.3)~模型(8.5)为一阶自回归模型,当 y_t 中存在高阶自相关时,DF 检验不再有效,这种缺陷导致 DF 检验在实际使用中多有不便,由此 Dickey 和 Fuller 创建了改进的 DF 检验,即 ADF 检验。

8.2.2.3 ADF 检验

ADF 检验采用的检验模型为

$$\Delta y_t = \alpha y_{t-1} + \beta_1 \Delta y_{t-1} + \beta_2 \Delta y_{t-2} + \cdots + \beta_p \Delta y_{t-p} + \varepsilon_t \qquad (8.9)$$

$$\Delta y_t = c + \alpha y_{t-1} + \beta_1 \Delta y_{t-1} + \beta_2 \Delta y_{t-2} + \cdots + \beta_p \Delta y_{t-p} + \varepsilon_t \qquad (8.10)$$

$$\Delta y_t = c + \alpha y_{t-1} + \delta t + \beta_1 \Delta y_{t-1} + \beta_2 \Delta y_{t-2} + \cdots + \beta_p \Delta y_{t-p} + \varepsilon_t \qquad (8.11)$$

与 DF 检验不同的是,模型(8.9)~模型(8.11)中增加了 Δy_t 的 1 至 p 阶滞后项,这些滞后项有助于反映 y_t 的高阶自相关性。对模型(8.9)~模型(8.11)进行

OLS 回归估计可以得到模型的参数估计量,这些参数估计的 t 统计量同样不服从 t 分布。通过模拟,Dickey 和 Fuller 也给出了检验的临界值。

(1) ADF 检验的软件操作。

EViews 中给出了 ADF 检验的菜单式选择,只需要严格按照 ADF 步骤填写对话框,即可对序列进行单位根检验,从而判断系列是否平稳。

ADF 检验的软件操作步骤如下。

①双击 Workfile 中要检验的序列,在打开的序列数据界面单击 View/Unit Root Test,进入 ADF 检验对话框,如图 8.1 所示。

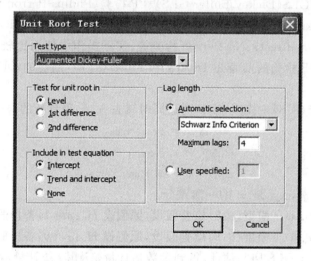

图 8.1 ADF 检验对话框

②在图 8.1 对话框的"Test type"选项中选定检验方法"Augmented Dickey-Fuller",然后完成以下 3 个选项。

"Test for unit root in"选项中"Level""1st difference""2nd difference"分别表示 ADF 检验针对的是原始序列、1 阶差分序列、2 阶差分序列。检验的顺序是从 Level 开始,然后选择 1 阶、2 阶差分序列。

"Include in test equation"选项中"Intercept""Trend and intercept""None"分别表示检验模型中只包含常数项(对应模型(8.10))、包含时间趋势项和常数项(对应模型(8.11))、不包含时间趋势项和常数项(对应模型(8.9))。

"Lag length"选项给出模型(8.9)~模型(8.11)中 Δy_t 的滞后项的长度 p,该选项下一般选择"Automatic selection",EViews 将会根据一定的准则自动确定滞后阶数。EViews 提供了 Akaike Info Criterion、Hannan Quinn Criterion、Schwarz Info Criterion 等 6 种确定滞后阶数的准则,默认规则是 Schwarz Info Criterion(施瓦茨准则);选择"User specified"选项,需要填入滞后阶数。

③完成 ADF 检验的 3 个选项后,单击"OK"按钮,即可得到 ADF 检验的输出

结果。

ADF检验输出的结果包含以下两个部分。

第一部分是单位根检验结果。软件以表格的形式给出了ADF值以及1%、5%、10%显著水平下的检验临界值,一般以显著水平5%来判断。当ADF值小于5%显著水平下的临界值时,说明序列没有单位根,即序列平稳;当ADF值大于5%显著水平下的临界值时,说明序列至少存在一阶单位根。

第二部分是所检验的模型(8.9)~模型(8.11)中某一模型的回归结果。

(2) ADF检验的模型选择。

ADF检验中最重要的是检验模型的选择,不同的模型选择会影响序列平稳性检验的结果,甚至会导致伪检验。对于模型的选择,以下方法可以用来判断时间序列 y_t 是否包含常数项和趋势项。

①我们可以从经济学或统计学的角度去考虑数据的生成形式,但是经济变量序列的生成过程受到多种因素的影响,单纯考虑某种因素会导致错误的选择,因此这种方法在实际操作中并不好把握。

②通过EViews中的Line图进行观察。

以我国1995—2014年的国内生产总值GDP序列为例,在EViews软件中作出Line图,如图8.2所示。通过观察发现GDP具有非0均值,并且有向上的趋势,因此可以判断GDP的生成过程包含常数项和趋势项。在ADF检验的"Include in test equation"选项中可以选择"Trend and intercept",即GDP序列包含时间趋势项和常数项。

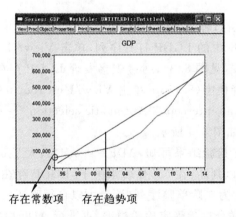

图8.2 GDP的Line图

③F联合检验法。通过观察Line图来选择模型有时并不准确,比较科学的判断方法是通过F联合检验来确定检验模型的种类,其操作步骤如下。

a. 在ADF检验的"Include in test equation"选项中选择"Trend and intercept",进行ADF检验。

b. 如果 ADF 检验的结果是序列平稳,此时可以在 ADF 检验输出结果的第二部分根据时间趋势项(@trend)系数的 t 统计量判断检验模型中是否应该包含趋势项,t 统计量的伴随概率小于 0.05,则应包括趋势项;t 统计量的伴随概率大于 0.05,则不应包括趋势项。检验结束。

c. 如果 ADF 检验的结果是序列不平稳,则需要进一步判断模型的类型:记下 a. 中检验输出结果中的残差平方和(Sum squared resid),作为无约束方程回归残差平方和 SSR_u →在 ADF 检验的"Include in test equation"选项中选择"intercept",再次进行 ADF 检验,记下检验输出结果中的残差平方和,作为约束方程的残差平方和 SSR_{r_1} →用 F 联合检验分别判断 SSR_u 与 SSR_{r_1} 的差异显著性,由此判断检验模型中是否包含常数项:如果 F 联合检验显著,则模型确定为含有常数项、不含有趋势项;如果 F 联合检验不显著,则需要在"Include in test equation"选项中选择"None",重新进行 ADF 检验,记下检验输出结果中的残差平方和,作为约束方程的残差平方和 SSR_{r_2},再用 F 联合检验判断 SSR_{r_1} 与 SSR_{r_2} 的差异显著性,并进一步确定模型的类型。

例 8.1 变量的 ADF 检验 以我国 1995—2014 年的名义国内生产总值序列 GDP_t 为例进行平稳性检验。国内学者的研究发现,实际 GDP 通常为 $I(1)$ 序列,名义 GDP 为 $I(2)$ 序列。本例中我们先对其进行对数变换得到序列 $\log(GDP)$,再检验其平稳性。

方法一:首先作 Line 图观察,再进行 ADF 检验。

检验步骤如下。

在 EViews 命令窗口输入"genr LGDP=log(GDP)",得到 GDP 的对数序列 LGDP→双击 Workfile 中的 LGDP 打开序列,单击 View/Graph/Line & Symbol,作出 LGDP 的 Line 图(见图 8.3),通过观察发现 LGDP 存在常数项和趋势项,因此 ADF 检验应该选择模型(8.11)→单击 View/Unit root test,在三个选项中分别选择"Level""Trend and intercept""Automatic selection"→单击"确定"按钮,得到 ADF 检验输出结果,如图 8.4 所示。

从图 8.4 的 ADF 检验结果可知,ADF=−3.444,大于 5% 显著水平对应的临界值−3.733,因此可以判断:在 5% 显著水平下,LGDP 存在单位根。通过进一步检验可以发现,LGDP 为二阶单整序列(读者可以自行验证)。

方法二:通过 F 联合检验确定检验模型,再进行 ADF 检验。

首先检验假设:$H_0: \alpha=0, \delta=0$;$H_1: \alpha=0, \delta\neq 0$,以模型(8.10)和模型(8.11)分别作为约束方程(R)和无约束方程(UR)。分别利用模型(8.11)(选择检验类型:Trend and intercept)和模型(8.10)(选择检验类型:Intercept)进行 ADF 检验,在检验结果的第二部分观察残差平方和 SSR:$SSR_{UR}=0.007\,345$(见图 8.5)、$SSR_{UR}=0.015\,257$(见图 8.6)。计算 F 检验统计量:

第 8 章 时间序列分析基础

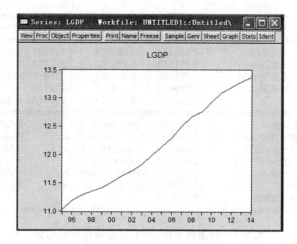

图 8.3 LGDP 的 Line 图

Augmented Dickey-Fuller Unit Root Test on LGDP

Null Hypothesis: LGDP has a unit root
Exogenous: Constant, Linear Trend
Lag Length: 3 (Automatic based on SIC, MAXLAG=4)

		t-Statistic	Prob.*
Augmented Dickey-Fuller test statistic		-3.444879	0.0806
Test critical values:	1% level	-4.667883	
	5% level	-3.733200	
	10% level	-3.310349	

图 8.4 LGDP 的 ADF 检验结果

Variable	Coefficient	Std. Error	t-Statistic	Prob.
LGDP(-1)	-0.432064	0.125422	-3.444879	0.0063
D(LGDP(-1))	0.670016	0.204669	3.273661	0.0084
D(LGDP(-2))	-0.190650	0.221611	-0.860294	0.4098
D(LGDP(-3))	0.669844	0.222051	3.016615	0.0130
C	4.628676	1.333320	3.471542	0.0060
@TREND(1995)	0.056477	0.017208	3.281930	0.0083

R-squared	0.726346	Mean dependent var	0.125915
Adjusted R-squared	0.589519	S.D. dependent var	0.042302
S.E. of regression	0.027102	Akaike info criterion	-4.098404
Sum squared resid	0.007345	Schwarz criterion	-3.808683
Log likelihood	38.78723	Hannan-Quinn criter.	-4.083568
F-statistic	5.308502	Durbin-Watson stat	2.006223
Prob(F-statistic)	0.012221		

图 8.5 无约束模型的 ADF 检验辅助回归估计

Variable	Coefficient	Std. Error	t-Statistic	Prob.
LGDP(-1)	-0.023447	0.020803	-1.127109	0.2837
D(LGDP(-1))	0.751649	0.279160	2.692538	0.0209
D(LGDP(-2))	-0.253615	0.303382	-0.835958	0.4210
D(LGDP(-3))	0.518855	0.298510	1.738148	0.1101
C	0.284171	0.218951	1.297878	0.2209
R-squared	0.431592	Mean dependent var		0.125915
Adjusted R-squared	0.224898	S.D. dependent var		0.042302
S.E. of regression	0.037242	Akaike info criterion		-3.492428
Sum squared resid	0.015257	Schwarz criterion		-3.250994
Log likelihood	32.93942	Hannan-Quinn criter.		-3.480065
F-statistic	2.088071	Durbin-Watson stat		1.834562
Prob(F-statistic)	0.150920			

图 8.6 约束模型的 ADF 检验辅助回归估计

$$F=\frac{(0.015\,257-0.007\,345)/1}{0.007\,345/(16-6)}=10.772>F_{0.05}(16)=7.24$$

其中,$F_{0.05}(16)=7.24$ 表示样本量为 16、显著水平为 5% 的单位根检验 F 联合临界值为 7.24。显然 F 联合检验拒绝了原假设 H_0,即检验类型应该采用模型 (8.11)。

综上可知,F 联合检验结果与 Line 图观察结果一致。

8.3 格兰杰因果关系检验

经济系统中变量的变化通常会存在相互影响,有时候我们比较关注某一变量的变化究竟由哪些变量的变化导致的,这是时间序列中的一个典型问题。例如,究竟是消费的增加引起了经济的增长,还是经济的增长引起了消费的增加?这种变化的先后关系从经济意义上往往无法识别。另外,我们在建立时间序列模型时,也需要确定自变量的加入是否有助于解释因变量的变化,这就需要了解自变量中是否包括了预测因变量的有效信息。格兰杰因果关系(Granger causality)检验正是针对这一类问题的解决方法。

格兰杰因果关系检验是 Granger 于 1969 年提出的,其检验思路如下。

设 y_t、x_t 是两个时间序列,且 y_t 服从 AR(k) 自回归关系,若序列 x_t 的过去信息 $x_{t-1},x_{t-2},\cdots,x_{t-m}$ 能显著改善对 y_t 变化的解释能力,则表明 y 与 x 之间具有格兰杰因果关系,且 x 是 y 的格兰杰原因,y 是 x 的格兰杰结果。

8.3.1 格兰杰因果关系检验原理

对于模型

$$y_t = \beta_0 + \beta_1 y_{t-1} + \beta_2 y_{t-2} + \cdots + \beta_k y_{t-k} + \delta_1 x_{t-1} + \delta_2 x_{t-2} + \cdots + \delta_m x_{t-m} + u_t$$
(8.12)

如果变量 $x_{t-1}, x_{t-2}, \cdots, x_{t-m}$ 对解释 y_t 没有显著作用，则模型(8.12)中的回归系数 $\delta_1, \delta_2, \cdots, \delta_m$ 都应该为0，即 $x_{t-1}, x_{t-2}, \cdots, x_{t-m}$ 为冗余变量。那么去掉冗余变量之后的实际模型应该是

$$y_t = \beta_0 + \beta_1 y_{t-1} + \beta_2 y_{t-2} + \cdots + \beta_k y_{t-k} + v_t$$
(8.13)

以模型(8.12)为无约束方程(UR)、以模型(8.13)为约束方程(R)，对假设

$$H_0: \delta_1 = \delta_2 = \cdots = \delta_m = 0, H_1: \delta_1, \delta_2, \cdots, \delta_m 中至少有一个不为 0$$

进行 F 联合检验。F 统计量为

$$F = \frac{(SSR_R - SSR_{UR})/m}{SSR_{UR}/(n-k-m-1)} \sim F(m, n-k-m-1)$$

其中 SSR_{UR}、SSR_R 分别为无约束方程(8.12)、约束方程(8.13)的回归残差平方和，大样本下，F 统计量服从自由度为 m 和 $n-k-m-1$ 的 F 分布。在 $p=0.05$ 的显著水平下，当 $F > F_{0.05}(m, n-k-m-1)$ 时，原假设 H_0 不成立，即 x_t 的过去信息有助于解释 y_t 的变化，可以判断 x 是 y 的格兰杰原因，y 是 x 的格兰杰结果；当 $F < F_{0.05}(m, n-k-m-1)$ 时，判断 x 不是 y 的格兰杰原因。

变量 y_t、x_t 之间的格兰杰因果关系可能是单向的，也可能是双向的。当 x 是 y 的格兰杰原因时，可以进一步检验 y 是否为 x 的格兰杰原因。

8.3.2 格兰杰因果关系检验的软件操作

对于 y_t、x_t 两个时间序列，要检验两个变量之间的格兰杰因果关系，可以在 EViews 软件中按照以下步骤进行操作。

(1) 打开 y_t、x_t 数组；

(2) 单击 View/ Granger Causality，在对话框中填入检验回归中使用的滞后阶数(软件默认为2，一般填入稍大一些的滞后阶数)。单击"OK"按钮，即可得到检验结果，检验结果中给出了两个变量格兰杰因果关系的双向检验结果。

EViews 软件中格兰杰因果关系检验的原假设是：x does not Granger Cause y (x 不是 y 的格兰杰原因)。EViews 软件对该原假设进行检验并给出 F 联合检验统计量和伴随概率，当伴随概率大于 0.05 时，接受原假设，认为 x 不是 y 的格兰杰原因；当伴随概率小于 0.05 时，拒绝原假设，认为 x 是 y 的格兰杰原因。EViews 软件通常给出双向因果关系检验，除了检验假设"x does not Granger Cause y"外，也会给出"y does not Granger Cause x"的假设检验。

例8.2 格兰杰因果关系检验 以某国的消费(CONS)、国内生产总值(GDP)之间的关系为例，时间范围为 1947 年第一季度到 1995 年第一季度。检验两个变量之间的格兰杰因果关系。

操作步骤为:将变量数据读入 EViews 软件→在 Workfile 中双击序列 CONS、GDP,打开数组→在数组窗口单击工具条 View/ Granger Causality,在弹出的对话框中填入滞后阶数 5(软件默认数字为 2,可以填入大于 2 的数字)→单击"OK"按钮,得到检验结果,如图 8.7 所示。

```
Pairwise Granger Causality Tests
Date: 07/30/15   Time: 16:34
Sample: 1947Q1 1995Q1
Lags: 5
```

Null Hypothesis:	Obs	F-Statistic	Prob.
GDP does not Granger Cause CONS	188	1.13022	0.3461
CONS does not Granger Cause GDP		6.02722	4.E-05

图 8.7 格兰杰因果关系检验结果

从图 8.7 可知,对于第一个原假设:GDP does not Granger Cause CONS,F 联合检验统计量为 1.130,伴随概率为 0.346,大于 0.05,因此不能拒绝原假设,由此得到检验的结果:GDP 不是 CONS 的格兰杰原因;对于第二个原假设:CONS does not Granger Cause GDP,F 联合检验统计量为 6.027,伴随概率为 0.000 05,小于 0.05,因此拒绝原假设,检验结果是 CONS 是 GDP 的格兰杰原因。

本例检验的最终结果是:CONS 是 GDP 的格兰杰原因,GDP 不是 CONS 的格兰杰原因。

8.4 协整关系检验

我们在建立时间序列模型时,通常要求变量具有平稳性,当变量不平稳时一般需要进行差分变换使之变得平稳,否则将会出现伪回归问题。但差分变换将使变量损失观察值,模型的自由度也会降低。另外,基于差分变量建立的模型,可能无法描述原始变量之间的关系,也达不到检验经济理论,进行经济预测的目的。

Granger、Engle 等学者研究发现,当变量之间具有协整关系时,即使变量不平稳也可以对变量建立回归模型,此时并不会出现伪回归问题。

设两个时间序列 y_t、x_t 都是 d 阶单整的,如果存在常数 a、b 使得 y_t、x_t 的线性组合 $ay_t + bx_t$ 的单整阶数小于 d,则称 y_t、x_t 之间存在协整关系,常数 a、b 称为协整系数,协整系数通常并不是唯一的。只有两个变量为同阶单整时,才有可能存在协整关系。

变量的协整关系检验常用的方法为 EG(Engle-Granger,EG)两步法。EG 两步法认为,两个同阶单整变量 y_t、x_t 之间具有协整关系时,其长期均衡方程

$$y_t = \beta_0 + \beta_1 x_t + u_t \qquad (8.14)$$

中的误差项必须是平稳的,因此只要对模型(8.14)的误差项进行平稳性检验,就可以判断 y_t、x_t 之间是否存在协整关系。

对两个时间序列 y_t、x_t,利用 EG 两步法检验二者之间协整关系的步骤如下。

①利用单位根检验判断两个变量 y_t、x_t 是否为同阶单整的,如果不是同阶单整的,则检验结束,因为 y_t、x_t 之间不存在协整关系。如果为同阶单整的,则对模型(8.14)进行 OLS 估计。利用命令"genr r=resid"将残差序列记为 r 并保存在工作文件中。

②利用单位根检验判断序列 r 的平稳性,并根据其平稳性来判断 y_t、x_t 之间是否存在协整关系:若 r 为平稳的,则 y_t、x_t 之间存在协整关系;若 r 不是平稳的,则 y_t、x_t 之间不存在协整关系。

8.5 时间序列模型基础

本节主要介绍自回归(AR)模型、移动平均(MA)模型、自回归移动平均(ARIMA)模型、自回归分布滞后(ADL)模型、自回归条件异方差(ARCH)模型、误差修正模型(ECM)等。

8.5.1 AR 模型

模型
$$y_t = \beta_0 + \beta_1 y_{t-1} + \beta_2 y_{t-2} + \cdots + \beta_k y_{t-k} + u_t \quad (u_t \sim N(0, \sigma_u^2)) \quad (8.15)$$

为 k 阶自回归模型,记为 AR(k),k 为因变量的滞后阶数。模型(8.15)平稳的条件是,其特征方程 $1 - \beta_1 \varphi - \beta_2 \varphi^2 - \cdots - \beta_k \varphi^k = 0$ 的所有根都在单位圆外,即所有根的模大于 1。实际操作中以变量 y_t 的自相关系数的拖尾性来判断自回归模型的平稳性:当自相关系数随时间增加而逐渐递减、趋近于 0 但不等于 0 时,则认为自回归模型是平稳的,这时对变量 y_t 建立自回归模型是可行的;否则,自回归模型是不平稳的,此时不适合对变量 y_t 建立自回归模型。

8.5.1.1 自回归模型滞后阶数的确定

自回归模型中滞后阶数的确定有助于模型充分反映变量的自相关性。模型的滞后阶数应适中,如果滞后阶数太大,将导致观察值损失较多、模型的自由度下降,同时引起变量的共线性,但滞后阶数太少又不能充分反映变量的过去信息。常用的滞后阶数的确定方法包括相关函数确定法、信息准则确定法。

(1) 利用相关函数确定模型滞后阶数。

对于自回归模型来说,自相关函数的拖尾性与偏自相关函数的截尾性有助于判断自回归模型及其滞后阶数,以例 8.3 来说明确定方法。

例 8.3 利用相关函数法确定 AR 模型滞后阶数 以某国 1947 年第一季度到 1995 年第一季度的消费(CONS)数据为例,取平稳序列 DCONS 来说明,DCONS 表示 CONS 的一阶差分。

在 EViews 软件的 Workfile 中打开变量 DCONS,在数据窗口单击 View/Correlogram,在相关图设定对话框的"Correlogram Specification"选项中选择序列对象并填入滞后阶数(Lags to include),如图 8.8 所示。

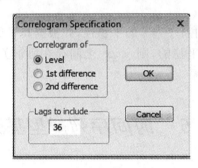

图 8.8 相关图设定对话框

序列对象包括三个选项:Level(水平数据)、1st difference(一阶差分数据)、2nd difference(二阶差分数据),Level 表示对原始数据进行相关图分析,1st difference、2nd difference 分别表示对原始数据进行一阶、二阶差分后再做相关图分析。滞后阶数表示 EViews 软件计算并显示的自相关函数和偏自相关函数的最大阶数,软件会自动给出滞后阶数,也可以按照样本个数除以 10 或 4 的方法来确定最大阶数。

本例选择"Level",滞后阶数选择默认数字"36",单击"OK"按钮后得到相关图分析结果,如图 8.9 所示。图中自相关(Autocorrelation)图和偏自相关(Partial Correlation)图均给出了两条虚线,表示相关函数是否为 0 的范围,落入虚线标出的范围内,表示对应的相关系数为 0,相关图的右侧也给出了相关函数的相应计算结果、Q 统计值和伴随概率。

从图中可见,自相关函数在 3 阶之后迅速下降并保持在虚线之内,表明自相关函数具有拖尾性质,对 DCONS 可以采用自回归模型进行分析;而偏自相关系数在 3 阶之后迅速下降并落入虚线之内,表明自回归模型的滞后阶数可以确定为 3。

自相关函数和偏自相关函数分析结果:对 DCONS 可以建立自回归模型 AR(3)。

(2) 利用信息准则确定模型滞后阶数。

利用信息准则 SC(Schwarz criterion)和 AIC(Akaike info criterion)也可以确定自回归模型的滞后阶数。具体操作思路是,从 AR(k)模型的 $k=0$ 开始进行 OLS 估计,依次增加滞后阶数,找到使 SC 和 AIC 最小的滞后阶数,并结合模型的

```
Autocorrelation   Partial Correlation      AC     PAC    Q-Stat   Prob
                                       1   0.236  0.236  10.900   0.001
                                       2   0.254  0.209  23.500   0.000
                                       3   0.305  0.231  41.886   0.000
                                       4   0.100 -0.046  43.870   0.000
                                       5   0.093 -0.029  45.578   0.000
                                       6   0.098  0.011  47.484   0.000
                                       7   0.019 -0.020  47.560   0.000
                                       8  -0.026 -0.065  47.702   0.000
                                       9   0.006 -0.002  47.708   0.000
                                      10   0.042  0.075  48.069   0.000
                                      11  -0.006  0.006  48.076   0.000
                                      12  -0.071 -0.105  49.127   0.000
                                      13   0.036  0.044  49.389   0.000
                                      14  -0.123 -0.117  52.572   0.000
                                      15  -0.024  0.041  52.691   0.000
                                      16   0.090  0.128  54.407   0.000
                                      17  -0.072 -0.050  55.500   0.000
                                      18   0.065  0.069  56.405   0.000
                                      19   0.031 -0.026  56.606   0.000
                                      20  -0.056 -0.075  57.292   0.000
```

图 8.9 相关图分析结果

拟合来确定模型的最优滞后阶数 k。

例 8.4 利用信息准则确定 AR 模型滞后阶数 以某国 1947 年第一季度到 1995 年第一季度的消费(CONS)数据的一阶差分 DCONS 来说明。

依次对 DCONS 建立 AR(0), AR(1), AR(2), …, AR(6) 模型并进行 OLS 估计(自回归模型的滞后阶数可以根据需要进行增减,直至观察到 AIC、SC 的最小值出现),记下每次估计结果中的 AIC、SC 以及拟合优度,如表 8.3 所示。

表 8.3 AIC、SC 汇总结果

滞后阶数	AIC	SC	拟合优度
0	8.256	8.273	0.000
1	8.213	8.247	0.055
2	8.177	8.228	0.098
3	8.131	8.200	0.148
4	8.145	8.231	0.148
5	8.160	8.264	0.148
6	8.175	8.297	0.147

从表 8.3 可知,使 AIC 和 SC 达到最小的滞后阶数都是 3,当滞后阶数大于 3 之后,拟合优度并未得到有效改善。综合来看,自回归模型的最优滞后阶数确定为 $k=3$。这个结果与例 8.3 完全一致。

在利用 AIC 和 SC 准则来确定滞后阶数时,两个准则给出的滞后阶数有时并不一致,此时应该选择稍大的滞后阶数,以保证模型中尽可能多地包含变量的自相关信息。

在确定自回归模型的滞后阶数时,相关图分析法以经验性判断为主,而信息准则法以实际数据判断为主,因此二者可以相互补充、相互验证。

8.5.1.2 自回归模型的估计

在 EViews 中可以采用最小二乘法或向量自回归方法估计自回归模型。

(1) 最小二乘法(OLS)估计如下。

最小二乘法(OLS)估计的软件操作步骤如下。

单击主菜单的 Quick/Estimate Equation → 在对话框的"Equation Specification"中填入方程的形式"y c y(−1) y(−2)…y(−k)"或"y c ar(1) ar(2)…ar(k)"[1],在"Estimation settings"中选择估计方法"LS-Least squares(NLS and ARMA)"→ 单击"确定"按钮,得到最小二乘法估计的输出结果。

(2) 向量自回归(VAR)估计。

向量自回归(VAR)估计的软件操作步骤如下。

单击主菜单的 Quick/Estimate VAR → 在"VAR Specification"的"VAR Type"选项中选择"Unrestricted VAR",在"Endogenous Variables"中填入因变量名,在"Lag Intervals for Endogenous"选项中填入滞后阶数(比如,4 阶滞后填入"1 4"),在"Exogenous Variables"中填入常数项"c"→ 单击"确定"按钮,得到向量自回归估计的输出结果。

例 8.5 AR 模型应用 以某国 1947 年第一季度到 1995 年第一季度的消费(CONS)数据的一阶差分 DCONS 来说明自回归模型的估计。

通过例 8.4 的分析,我们已经确定 DCONS 比较适合建立 AR(3)模型:

$$DCONS_t = \beta_0 + \beta_1 DCONS(-1)_t + \beta_2 DCONS(-2)_t + \beta_3 DCONS(-3)_t + u_t$$

(8.16)

对该模型可以使用 OLS 估计或 VAR 估计得到回归结果。

(1) OLS 估计的操作步骤如下。

在 EViews 中单击主菜单的 Quick/Estimate Equation → 在"Equation Specification"对话框中填入一般线性回归方程的形式"DCONS C DCONS(−1) DCONS(−2) DCONS(−3)",如图 8.10 所示;或自回归模型的形式"DCONS C

---

[1] 两种形式下估计的结果没有本质区别。估计形式"y c y(−1) y(−2)…y(−k)"将给出模型

$$y_t = \beta_0 + \beta_1 y_{t-1} + \beta_2 y_{t-2} + \cdots + \beta_k y_{t-k} + u_t$$

的估计结果,而"y c ar(1) ar(2)…ar(k)"将给出模型

$$y_t - c = \beta_1(y_{t-1} - c) + \beta_2(y_{t-2} - c) + \cdots + \beta_k(y_{t-k} - c) + u_t$$

的估计结果,实际上 $c - \beta_1 c - \beta_2 c - \cdots - \beta_k c = \beta_0$。

AR(1)AR(2) AR(3)",如图 8.11 所示→在"Estimation settings"选项中选择估计方法"LS - Least squares(NLS and ARMA)"→选择估计方法"LS - Least squares (NLS and ARMA)"→单击"确定"按钮,得到最小二乘法估计的输出结果,分别如图 8.12、图 8.13 所示。

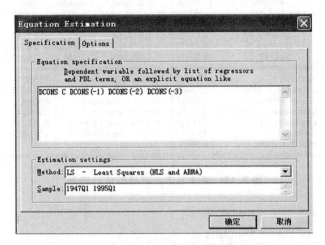

图 8.10 线性表达式方程

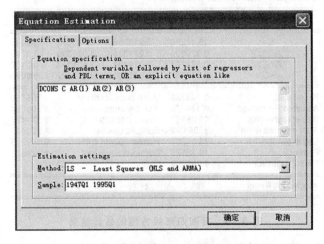

图 8.11 自回归形式的方程

图 8.10 中方程形式采用的是普通最小二乘法估计,图 8.11 中方程采用的是约束最小二乘法估计,并使用数值解法。由图 8.12、图 8.13 可知,二者的估计除了常数项以外其他结果一致。

(2) 向量自回归估计的操作步骤如下。

在 EViews 中单击主菜单的 Quick/Estimate VAR→在"VAR Specification"

```
Dependent Variable: DCONS
Method: Least Squares
Date: 07/31/15   Time: 09:47
Sample (adjusted): 1948Q1 1995Q1
Included observations: 189 after adjustments
```

Variable	Coefficient	Std. Error	t-Statistic	Prob.
C	7.084136	1.755933	4.034401	0.0001
DCONS(-1)	0.129806	0.071314	1.820205	0.0703
DCONS(-2)	0.171731	0.071402	2.405136	0.0172
DCONS(-3)	0.239707	0.071890	3.334382	0.0010

R-squared	0.148232	Mean dependent var		15.08150
Adjusted R-squared	0.134420	S.D. dependent var		15.00654
S.E. of regression	13.96157	Akaike info criterion		8.131432
Sum squared resid	36061.22	Schwarz criterion		8.200040
Log likelihood	-764.4203	Hannan-Quinn criter.		8.159226
F-statistic	10.73178	Durbin-Watson stat		1.979623
Prob(F-statistic)	0.000002			

图 8.12 线性表达式方程的估计结果

```
Dependent Variable: DCONS
Method: Least Squares
Date: 07/31/15   Time: 09:46
Sample (adjusted): 1948Q1 1995Q1
Included observations: 189 after adjustments
Convergence achieved after 3 iterations
```

Variable	Coefficient	Std. Error	t-Statistic	Prob.
C	15.44209	2.218168	6.961638	0.0000
AR(1)	0.129806	0.071314	1.820205	0.0703
AR(2)	0.171731	0.071402	2.405136	0.0172
AR(3)	0.239707	0.071890	3.334382	0.0010

R-squared	0.148232	Mean dependent var		15.08150
Adjusted R-squared	0.134420	S.D. dependent var		15.00654
S.E. of regression	13.96157	Akaike info criterion		8.131432
Sum squared resid	36061.22	Schwarz criterion		8.200040
Log likelihood	-764.4203	Hannan-Quinn criter.		8.159226
F-statistic	10.73178	Durbin-Watson stat		1.979623
Prob(F-statistic)	0.000002			
Inverted AR Roots	.76	-.32+.46i	-.32-.46i	

图 8.13 自回归形式方程的估计结果

的"VAR Type"选项中选择"Unrestricted VAR",在"Endogenous Variables"中填入因变量"DCONS",在"Lag Intervals for Endogenous"选项中填入"1 3"(表示DCONS 的滞后阶数为 1~3 阶),在 Exogenous Variables 中填入"c",如图 8.14 所示→单击"确定"按钮,得到向量自回归法估计的输出结果,如图 8.15 所示。

从图 8.15 可知,向量自回归法的估计结果与一般线性回归模型最小二乘法的估计结果一致。

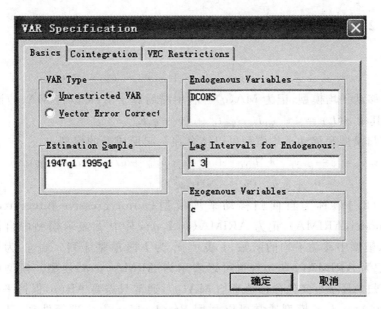

图 8.14 向量自回归法估计对话框

```
Vector Autoregression Estimates
Date: 07/31/15   Time: 10:00
Sample (adjusted): 1948Q1 1995Q1
Included observations: 189 after
    adjustments
Standard errors in ( ) & t-statistics in [ ]
```

	DCONS
DCONS(-1)	0.129806
	(0.07131)
	[1.82020]
DCONS(-2)	0.171731
	(0.07140)
	[2.40514]
DCONS(-3)	0.239707
	(0.07189)
	[3.33438]
C	7.084136
	(1.75593)
	[4.03440]

图 8.15 向量自回归法估计结果

8.5.2 MA 模型与 ARIMA 模型

模型
$$y_t = u_t + \varphi_1 u_{t-1} + \varphi_2 u_{t-2} + \cdots + \varphi_q u_{t-q} \quad (u_t \sim N(0, \sigma_u^2)) \tag{8.17}$$
称为 q 阶移动平均模型,记为 MA(q)。利用滞后算子 L,可以将 MA(q) 记为 $y_t = \varphi(L)u_t$,其中 $\varphi(L) = 1 + \varphi_1 L + \varphi_2 L^2 + \cdots + \varphi_q L^q$。

自回归模型和移动平均模型可以结合在一起形成新的模型:
$$y_t = c + \beta_1 y_{t-1} + \beta_2 y_{t-2} + \cdots + \beta_p y_{t-p} + u_t + \varphi_1 u_{t-1} + \varphi_2 u_{t-2} \tag{8.18}$$
$$+ \cdots + \varphi_q u_{t-q} (u_t \sim N(0, \sigma_u^2))$$

模型(8.18)称为自回归移动平均模型(autoregressive integrated moving average model,ARIMA),记为 ARIMA(p,I,q),其中 p 表示模型中自回归的阶数,q 表示模型中移动平均的阶数,I 表示 y_t 为 I 阶单整序列。当 y_t 为平稳序列时,模型记为 ARIMA($p,0,q$),也可以表示为 ARMA(p,q) 模型。模型(8.18)既包含自回归 AR(p),又包含移动平均 MA(q),通常只需要 AR(p) 保持平稳即可。

ARIMA(p,I,q) 模型通常可以利用 Box-Jenkins 方法进行处理,其基本步骤如下。

(1) 检验序列 y_t 的平稳性。若 y_t 为平稳序列,则利用 y_t 建立合适的 ARMA(p,q) 模型,进入步骤(3);若不平稳,则对 y_t 进行差分或对数变换,直到平稳为止,进入步骤(2)。

(2) 利用平稳序列建立合适的 ARIMA(p,I,q) 模型。

(3) 确定最终模型,并对模型进行估计。

(4) 过度拟合检验,确定模型的合理性。

例 8.6 Box-Jenkins 方法应用 以我国年度总人口增长率(RPOP)为例,时间范围为 1986—2015 年,RPOP 序列走势如图 8.16 所示。

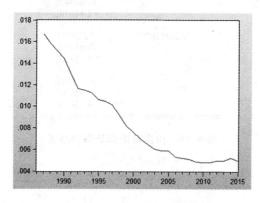

图 8.16 RPOP 序列走势图

本例希望利用 RPOP 序列建立 ARIMA(p, I, q)模型。具体步骤如下：

（1）平稳性检验。通过单位根检验发现，RPOP 的原始数据不平稳（读者自行验证），而 RPOP 的一阶差分序列的 ADF 统计量为－4.136，小于 5% 显著水平临界值－3.588，伴随概率 0.0157＜5%，因此判断 RPOP 序列为一阶单整序列，如图 8.17 所示。对 RPOP 序列的二阶、三阶差分序列进行平稳性检验，发现它们都是平稳的（读者自行验证）。由此提示我们，ARIMA(p, I, q)模型中的 $I=1$。

```
Null Hypothesis: D(RPOP) has a unit root
Exogenous: Constant, Linear Trend
Lag Length: 0 (Automatic - based on SIC, maxlag=6)
```

		t-Statistic	Prob.*
Augmented Dickey-Fuller test statistic		-4.136231	0.0157
Test critical values:	1% level	-4.339330	
	5% level	-3.587527	
	10% level	-3.229230	

*MacKinnon (1996) one-sided p-values.

图 8.17　RPOP 平稳性检验

（2）观察一阶差分序列 DRPOP 的相关函数图。在 EViews 软件的命令栏输入命令"genr DRPOP=d(RPOP,1)"，得到 RPOP 序列的一阶差分序列 DRPOP。双击新产生的序列 DRPOP，在打开的数据窗口单击 View/Correlogram，得到 DRPOP 的相关函数图，如图 8.18 所示。

Autocorrelation	Partial Correlation		AC	PAC	Q-Stat	Prob
		1	0.541	0.541	9.1033	0.003
		2	0.254	-0.055	11.182	0.004
		3	0.373	0.365	15.850	0.001
		4	0.202	-0.243	17.284	0.002
		5	-0.058	-0.124	17.409	0.004
		6	0.058	0.146	17.538	0.007
		7	0.257	0.261	20.183	0.005
		8	0.154	-0.004	21.185	0.007
		9	0.107	-0.007	21.693	0.010
		10	0.081	-0.298	22.000	0.015
		11	0.054	0.142	22.145	0.023
		12	-0.124	-0.231	22.946	0.028

图 8.18　DRPOP 的相关函数图

通过观察图 8.18 发现，自相关函数在 4 阶之后迅速衰减，由此提示我们，ARIMA(p, I, q)模型中的 q 值可能为 1~4；而偏自相关函数在 1 阶之后衰减，由此提示我们，ARIMA(p, I, q)模型中的 p 值可能为 1。

（3）确定最终模型形式并进行估计。通过步骤（2），我们设定可能的模型为以下三种，分别进行 OLS 估计。

①ARIMA(1,1,1)。OLS 估计命令为 ls DRPOP c ar(1) ma(1)。

②ARIMA(1,1,2)。OLS 估计命令为 ls DRPOP c ar(1) ma(1) ma(2)。

③ARIMA(1,1,3)。OLS 估计命令为 ls DRPOP c ar(1) ma(1) ma(2) ma(3)。

④ARIMA(1,1,4)。OLS 估计命令为 ls DRPOP c ar(1) ma(1) ma(2) ma(3) ma(4)。

将①~④的估计结果列入表中进行观察，综合拟合优度 R^2、AIC、SC 以及模型中系数的显著性等确定最优的模型。通过比较可知，最适合的模型为 ARIMA(1,1,4)（此处不再赘述，读者可以自行验证）。ARIMA(1,1,4)模型的估计结果如图 8.19 所示。

Variable	Coefficient	Std. Error	t-Statistic	Prob.
C	-0.000446	0.000131	-3.395474	0.0027
AR(1)	-0.588059	0.148924	-3.948704	0.0007
MA(1)	1.366921	0.113154	12.08018	0.0000
MA(2)	0.709970	0.103915	6.832244	0.0000
MA(3)	1.274562	0.084991	14.99645	0.0000
MA(4)	0.931595	0.078007	11.94245	0.0000
R-squared	0.758668	Mean dependent var	-0.000401	
Adjusted R-squared	0.701209	S.D. dependent var	0.000430	
S.E. of regression	0.000235	Akaike info criterion	-13.67870	
Sum squared resid	1.16E-06	Schwarz criterion	-13.39074	
Log likelihood	190.6625	Hannan-Quinn criter.	-13.59308	
F-statistic	13.20345	Durbin-Watson stat	1.938953	
Prob(F-statistic)	0.000007			
Inverted AR Roots	-.59			
Inverted MA Roots	.31+.92i	.31-.92i	-.98	-1.00

图 8.19 ARIMA(1,1,4)模型估计结果

(4) 过度拟合检验。对 ARIMA(1,1,4)模型的残差进行序列相关性检验，可以采用 Q 统计量检验法或 LM 检验，软件操作为：在 ARIMA(1,1,4)模型的估计结果界面，单击 View/Residual Diagnostics/Correlogram-Q-statistics，或单击 View/Residual Diagnostics/Serial Correlation LM Test，将得到 Q 统计量检验或 LM 检验结果，分别如图 8.20、图 8.21 所示。

观察图 8.20、图 8.21 可以发现，Q 统计量在滞后 8、16、24 期时都不显著，表示残差序列不存在序列相关；从 LM 检验结果也发现 F 统计量和 LM 统计量对应的伴随概率都大于 5%，表明残差序列不存在序列相关。由此说明 ARIMA(1,1,4)模型是可行的。用同样的方法，可以对 ARIMA(1,1,1)、ARIMA(1,1,2)、ARIMA(1,1,3)模型进行残差序列相关性检验，在此基础上进一步验证 ARIMA(1,1,4)模型的合理性（读者可以自行验证）。

在 OLS 估计结果的基础上，还可以利用模型进行预测（利用软件中的

Autocorrelation	Partial Correlation		AC	PAC	Q-Stat	Prob
		1	-0.091	-0.091	0.2476	
		2	0.037	0.029	0.2901	
		3	0.154	0.161	1.0644	
		4	-0.059	-0.033	1.1833	
		5	0.014	-0.007	1.1903	
		6	-0.175	-0.202	2.3283	0.127
		7	0.256	0.256	4.8876	0.087
		8	-0.012	0.039	4.8938	0.180
		9	0.217	0.300	6.9494	0.139
		10	-0.079	-0.213	7.2359	0.204
		11	-0.045	-0.040	7.3330	0.291
		12	0.006	-0.184	7.3346	0.395
		13	-0.240	-0.042	10.549	0.229
		14	0.097	0.035	11.113	0.268
		15	-0.256	-0.171	15.393	0.118
		16	-0.009	-0.188	15.399	0.165
		17	0.018	-0.023	15.425	0.219
		18	0.006	0.093	15.428	0.281
		19	-0.039	0.028	15.573	0.340
		20	-0.063	0.048	16.022	0.381
		21	0.055	-0.097	16.414	0.424
		22	-0.255	-0.146	26.620	0.064
		23	0.030	0.010	26.801	0.083
		24	-0.052	0.132	27.507	0.093

图 8.20 序列相关性 Q 统计量检验结果

Breusch-Godfrey Serial Correlation LM Test:

F-statistic	0.518583	Prob. F(2,19)	0.6036
Obs*R-squared	1.055654	Prob. Chi-Square(2)	0.5899

图 8.21 序列相关性 LM 检验结果

Forecast 工具即可)。

8.5.3 ADL 模型

形如

$$y_t = \alpha_0 + \alpha_1 y_{t-1} + \alpha_2 y_{t-2} + \cdots + \alpha_p y_{t-p} + \beta_1 x_{t-1} + \beta_2 x_{t-2} + \beta_q x_{t-q} + u_t$$

(8.19)

的模型称为自回归分布滞后模型(autoregressive distributed lag model, ADL),其中 p 为自回归阶数,q 为分布滞后阶数,$t = 1, 2, \cdots, T$,u_t 为误差项。模型(8.19)用滞后算子可以表示为 $(1 - \alpha_1 L - \alpha_2 L^2 - \alpha_p L^p) y_t = \alpha_0 + (\beta_1 L + \beta_2 L^2 + \cdots + \beta_q L^q) x_t + u_t$。为了提高预测精度,模型(8.19)中还可以加入其他解释变量及其滞后项,从而得到多元自回归分布滞后模型 ADL$(p, q_1, q_2, \cdots)$。

模型(8.19)中 p、q 的识别方法如下。

(1) p 的确定。通常用 EViews 软件中的 SC 和 AIC 统计量来确定,其操作方法与 AR 模型相同。

(2) q 的确定。用格兰杰因果关系检验确定 x 是否为 y 的格兰杰原因,若 x 不是 y 的格兰杰原因,则模型中不必加入解释变量 x 的滞后项,由此模型(8.19)简化为 AR 模型;若 x 是 y 的格兰杰原因,则模型(8.19)中需要加入 x 的滞后项,x 的滞后阶数可以参考格兰杰因果关系检验中 x 滞后项的显著性来确定。

在(1)和(2)的基础上进一步对模型进行模拟,由此确定最合适的模型。

实际操作中,也可以在(1)和(2)的基础上,对 p、q 进行各种可能的组合,形成不同的备选模型,再利用 SC 和 AIC 准则来确定最佳的 p、q 值。

对于多元 ADL 模型,可以参考上述方法进行识别,但实际操作时工作量非常大。

8.5.4 ARCH 模型与 GARCH 模型

8.5.4.1 ARCH 模型

时间序列模型

$$y_t = \alpha + \beta' x_t + u_t \tag{8.20}$$

其中 x_t 为 $k \times 1$ 解释变量列向量,β 为 $k \times 1$ 系数列向量。如果误差项 u_t 的方差随时间变化而产生一种特殊形式的异方差,即 $u_t \sim iid\ N(0, \sigma_t^2)$,$\sigma_t^2 = \gamma_0 + \gamma_1 u_{t-1}^2 + \gamma_2 u_{t-2}^2 + \cdots + \gamma_q u_{t-q}^2$,则称模型(8.20)为自回归条件异方差模型(autoregressive conditional heteroskedasticity model),简记为 ARCH(q)。

ARCH 模型通常按照如下思路进行处理:

(1) 构建均值模型,常见的模型主要包括 AR 模型、MA 模型、ARMA 模型、ARIMA 模型等。

(2) 在 OLS 估计均值模型的基础上,检验残差是否存在 ARCH 效应。在模型的残差存在 ARCH 效应的情况下,均值模型所提供的信息通常并不准确,所以需要做异方差处理,此时可选用 ARCH 模型进行校正,并确定 ARCH(q) 模型的阶数 q。

(3) 估计 ARCH(q) 模型。必要的情况下,需要根据 ARCH(q) 模型的估计结果修正均值模型。

(4) 作出模型的条件标准差(条件方差)图像,观察 ARCH 效应,进一步确定最适合的 ARCH 模型。

以下通过例题 8.7 来阐述 ARCH(q) 模型的具体处理过程及软件操作。

例 8.7 ARCH 模型应用 以某国政府支出数据(GOV)为例,时间范围为 1947 年第一季度到 1995 年第四季度。由于 GOV 序列不平稳,对其进行一阶差分得到序列 DGOV,经过 ADF 检验发现 DGOV 是平稳的。DGOV 走势如图 8.22 所示。

由图 8.22 可知,样本在某些阶段波动幅度较大,而有些阶段波动幅度较小,因此该序列存在 ARCH 效应的可能性较大。

本例将针对 DGOV 序列建立 ARCH 模型,具体步骤如下。

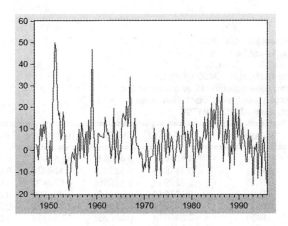

图 8.22　DGOV 走势图

(1) 构建合适的均值方程。按照 ARIMA 模型的构建方法反复模拟,得到比较合适的模型为 ARIMA(3,1,3)(读者可以自行验证)

$$\mathrm{DGOV}_t = c + \beta_1 \mathrm{DGOV}_{t-1} + \beta_2 \mathrm{DGOV}_{t-2} + \beta_3 \mathrm{DGOV}_{t-p} + u_t \\ + \varphi_1 u_{t-1} + \varphi_2 u_{t-2} + \varphi_3 u_{t-3} \quad (8.21)$$

以此作为均值方程。

(2) 利用 OLS 方法估计均值方程。估计结果如图 8.23 所示。

(3) 残差的 ARCH 效应检验。软件操作步骤如下。

① 在 OLS 估计结果界面,单击 View/Residual Diagnostics/Heteroskedasticity Tests,在弹出的对话框的"Test type"选项中选择"ARCH"(见图 8.24),在"Number of lags"选项中填入合适的数字,即 ARCH(q)中的 q。

② 在对话框的"Number of lags"选项中填入"1",以检验 ARCH(1)是否成立 →单击"OK"按钮,得到检验结果,如图 8.25 所示。从图 8.25 可知,F 统计量和 LM 统计量(Obs*R-squared)的概率均小于 5%,表示 ARCH(1)效应成立。

③ 按照②的方法,逐步检验高阶 ARCH 效应是否成立,如图 8.26、8.27 所示。从图中可知,ARCH(2)、ARCH(3)效应均不成立。由此可以判断,模型(8.21)只存在 ARCH(1)效应。

(4) 估计 ARCH 模型。软件操作步骤如下。

单击 Quick/Estimate→在对话框中输入命令"dgov c ar(1) ar(2) ar(3) ma(1) ma(2) ma(3)",在 Method 选项中选择"ARCH - Autoregressive Conditional Heteroskedasticity",弹出如下的对话框(见图 8.28)。

在"ARCH-M"选项中选择默认的"None",在"Model"选项中选择默认的"GARCH/TARCH",在 Order 选项下的 ARCH 选项中填入数字"1","Threshold"选项选择默认的数字"0",GARCH 选项中填入数字"0"(说明:在

```
Dependent Variable: DGOV
Method: Least Squares
Date: 03/29/17   Time: 09:01
Sample (adjusted): 1948Q1 1995Q4
Included observations: 192 after adjustments
Convergence achieved after 17 iterations
MA Backcast: 1947Q2 1947Q4
```

Variable	Coefficient	Std. Error	t-Statistic	Prob.
C	4.679646	0.430919	10.85968	0.0000
AR(1)	0.941080	0.130909	7.188830	0.0000
AR(2)	0.729941	0.155956	4.680433	0.0000
AR(3)	-0.707014	0.094694	-7.466322	0.0000
MA(1)	-0.643901	0.148641	-4.331922	0.0000
MA(2)	-0.896038	0.088355	-10.14134	0.0000
MA(3)	0.553818	0.120843	4.582940	0.0000

R-squared	0.206812	Mean dependent var	5.185016
Adjusted R-squared	0.181087	S.D. dependent var	11.08587
S.E. of regression	10.03203	Akaike info criterion	7.485220
Sum squared resid	18618.70	Schwarz criterion	7.603983
Log likelihood	-711.5811	Hannan-Quinn criter.	7.533320
F-statistic	8.039339	Durbin-Watson stat	1.974488
Prob(F-statistic)	0.000000		

Inverted AR Roots	.90+.10i	.90-.10i	-.86
Inverted MA Roots	.98	.60	-.94

图 8.23　ARIMA(3,1,3)模型 OLS 估计

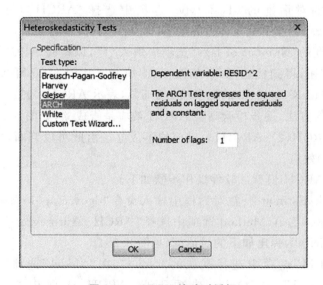

图 8.24　ARCH 检验对话框

Heteroskedasticity Test: ARCH

F-statistic	5.672825	Prob. F(1,189)	0.0182
Obs*R-squared	5.565798	Prob. Chi-Square(1)	0.0183

Test Equation:
Dependent Variable: RESID^2
Method: Least Squares
Date: 03/29/17   Time: 09:54
Sample (adjusted): 1948Q2 1995Q4
Included observations: 191 after adjustments

Variable	Coefficient	Std. Error	t-Statistic	Prob.
C	80.93078	14.24104	5.682927	0.0000
RESID^2(-1)	0.171311	0.071926	2.381769	0.0182

R-squared	0.029140	Mean dependent var	97.35130
Adjusted R-squared	0.024003	S.D. dependent var	174.3192
S.E. of regression	172.2144	Akaike info criterion	13.14577
Sum squared resid	5605322.	Schwarz criterion	13.17983
Log likelihood	-1253.421	Hannan-Quinn criter.	13.15957
F-statistic	5.672825	Durbin-Watson stat	1.986532
Prob(F-statistic)	0.018223		

图 8.25　ARCH(1)检验结果

Heteroskedasticity Test: ARCH

F-statistic	2.798754	Prob. F(2,187)	0.0634
Obs*R-squared	5.522016	Prob. Chi-Square(2)	0.0632

Test Equation:
Dependent Variable: RESID^2
Method: Least Squares
Date: 03/29/17   Time: 10:06
Sample (adjusted): 1948Q3 1995Q4
Included observations: 190 after adjustments

Variable	Coefficient	Std. Error	t-Statistic	Prob.
C	82.72293	15.48964	5.340532	0.0000
RESID^2(-1)	0.173083	0.073405	2.357925	0.0194
RESID^2(-2)	-0.016005	0.073393	-0.218075	0.8276

R-squared	0.029063	Mean dependent var	97.83925
Adjusted R-squared	0.018679	S.D. dependent var	174.6489
S.E. of regression	173.0101	Akaike info criterion	13.16024
Sum squared resid	5597378.	Schwarz criterion	13.21151
Log likelihood	-1247.223	Hannan-Quinn criter.	13.18101
F-statistic	2.798754	Durbin-Watson stat	1.991996
Prob(F-statistic)	0.063439		

图 8.26　ARCH(2)检验

```
Heteroskedasticity Test: ARCH

F-statistic         1.828805    Prob. F(3,185)          0.1434
Obs*R-squared       5.443604    Prob. Chi-Square(3)     0.1421

Test Equation:
Dependent Variable: RESID^2
Method: Least Squares
Date: 03/29/17   Time: 10:06
Sample (adjusted): 1948Q4 1995Q4
Included observations: 189 after adjustments

Variable        Coefficient    Std. Error    t-Statistic    Prob.

C               82.34668       16.72230      4.924364       0.0000
RESID^2(-1)     0.172065       0.073798      2.331561       0.0208
RESID^2(-2)     -0.019005      0.074882      -0.253801      0.7999
RESID^2(-3)     0.012406       0.073784      0.168136       0.8667

R-squared           0.028802    Mean dependent var      98.35134
Adjusted R-squared  0.013053    S.D. dependent var      174.9697
S.E. of regression  173.8240    Akaike info criterion   13.17490
Sum squared resid   5589737.    Schwarz criterion       13.24351
Log likelihood      -1241.028   Hannan-Quinn criter.    13.20270
F-statistic         1.828805    Durbin-Watson stat      1.993381
Prob(F-statistic)   0.143430
```

图 8.27 ARCH(3)检验

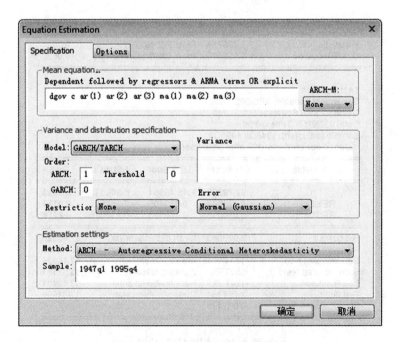

图 8.28 ARCH 模型估计对话框

Order 选项下的 ARCH 选项中填入数字"0",Threshold 选项选择默认的数字"0",GARCH 选项中填入数字"1",将会对 GARCH 模型进行估计→单击"确定"按钮,得到 ARCH(1)模型的估计结果,该结果是通过 28 次迭代后得到的,如图 8.29 所示。ARCH(1)模型对模型(8.21)中存在的异方差问题做了修正。

```
Dependent Variable: DGOV
Method: ML - ARCH (Marquardt) - Normal distribution
Date: 03/29/17   Time: 10:30
Sample (adjusted): 1948Q1 1995Q4
Included observations: 192 after adjustments
Convergence achieved after 28 iterations
MA Backcast: 1947Q2 1947Q4
Presample variance: backcast (parameter = 0.7)
GARCH = C(8) + C(9)*RESID(-1)^2
```

Variable	Coefficient	Std. Error	z-Statistic	Prob.
C	3.598260	1.140681	3.154483	0.0016
AR(1)	1.087270	0.234271	4.641071	0.0000
AR(2)	0.055951	0.362436	0.154376	0.8773
AR(3)	-0.361417	0.214992	-1.681075	0.0927
MA(1)	-0.828426	0.193112	-4.289863	0.0000
MA(2)	-0.377966	0.253774	-1.489382	0.1364
MA(3)	0.566465	0.150046	3.775271	0.0002
Variance Equation				
C	67.55589	10.73133	6.295203	0.0000
RESID(-1)^2	0.347819	0.115192	3.019464	0.0025
R-squared	0.157941	Mean dependent var		5.185016
Adjusted R-squared	0.130631	S.D. dependent var		11.08587
S.E. of regression	10.33646	Akaike info criterion		7.453082
Sum squared resid	19765.86	Schwarz criterion		7.605777
Log likelihood	-706.4959	Hannan-Quinn criter.		7.514925
Durbin-Watson stat	1.836758			
Inverted AR Roots	.79-.32i	.79+.32i	-.50	
Inverted MA Roots	.78+.40i	.78-.40i	-.73	

图 8.29 ARCH(1)模型估计结果

(5) 观察模型的条件方差特征。软件操作如下。

在 ARCH(1)模型的回归结果界面,单击 View/Garch Graph/Conditional Standard Deviation,将得到条件标准差图像;单击 View/Garch Graph/Conditional Variance,将得到条件方差图像,如图 8.30、图 8.31 所示。

8.5.4.2 GARCH 模型

在 ARCH 模型的基础上,Tim Bollerslev(1986)将滞后的条件方差引入自回归过程,由此形成广义自回归条件异方差(generalised autoregressive conditional heteroskedasticity,GARCH)模型。

GARCH 模型具有以下形式:

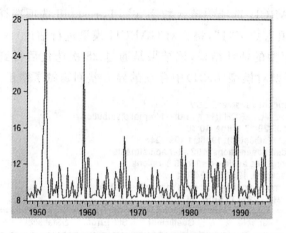

图 8.30　条件标准差图像一

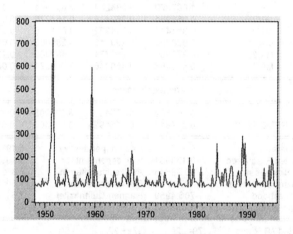

图 8.31　条件标准差图像二

$$y_t = \alpha + \beta' x_t + u_t \quad (u_t \sim \text{iid } N(0, \sigma_t^2))$$

$$\sigma_t^2 = \gamma_0 + \sum_{i=1}^{p} \delta_i \sigma_{t-i}^2 + \sum_{j=1}^{q} \gamma_j u_{t-j}^2 \tag{8.22}$$

其中 x_t 为 $k \times 1$ 解释变量列向量，β 为 $k \times 1$ 系数列向量。模型(8.22)通常可以简记为 GARCH(p,q)。

GARCH 实质上是高阶 ARCH 过程，但 GARCH 模型更容易估计，且牺牲更少的自由度。GARCH 模型的处理思路与 ARCH 模型的一样，但在软件操作上略有不同。以下用实例 8.8 予以说明。

例 8.8　GARCH 模型应用　以沪深 300 指数日涨幅（HS）为例，时间范围为 2005 年 1 月 4 日—2013 年 4 月 26 日，共 2 017 个观测值。

本例希望利用 HS 数据建立 GARCH 模型，其处理过程如下。

(1) 构建均值模型。经过单位根检验,发现 HS 为平稳变量。为了简化分析过程,本例假定合适的均值方程为 ARMA(1,1)。

(2) 利用 OLS 方法估计均值方程。

(3) 检验均值方程残差的 ARCH 效应。经过检验,发现残差存在 ARCH 效应。

(4) 估计 GARCH 模型。软件操作如下。

单击 Quick/Estimate→在对话框中输入命令"HS C AR(1) MA(1)",在"Method"选项中选择"ARCH - Autoregressive Conditional Heteroskedasticity",弹出对话框→在"ARCH-M"选项中选择默认的"None",在 Model 选项中选择默认的"GARCH/TARCH",在 Order 选项下的 ARCH 选项中填入数字"1","Threshold"选项选择默认的数字"0","GARCH"选项中填入数字"1"→单击"确定"按钮,得到 GARCH(1,1)模型的估计结果,如图 8.32 所示。

(5) 对模型进行比较,以确定最合适的模型。例如,对 GARCH(7,7)模型进行估计,结果如图 8.33 所示,可以发现 GARCH(7,7)模型的所有 ARCH 项和 GARCH 项都显著。通过比较图 8.32、图 8.33 的估计结果,可以认为 GARCH(1,1)模型并不是最适合的模型。

通过反复试验和比较,最终确定较为合适的模型为 GARCH(7,7)。(读者可自行验证。)

Variable	Coefficient	Std. Error	z-Statistic	Prob.
C	1.000622	0.000463	2161.805	0.0000
AR(1)	0.980977	0.018508	53.00430	0.0000
MA(1)	-0.973971	0.022223	-43.82666	0.0000
Variance Equation				
C	3.35E-06	7.58E-07	4.419352	0.0000
RESID(-1)^2	0.048582	0.006196	7.841324	0.0000
GARCH(-1)	0.942267	0.006984	134.9121	0.0000
R-squared	0.004403	Mean dependent var		1.000627
Adjusted R-squared	0.003414	S.D. dependent var		0.018926
S.E. of regression	0.018893	Akaike info criterion		-5.279696
Sum squared resid	0.718550	Schwarz criterion		-5.263003
Log likelihood	5327.934	Hannan-Quinn criter.		-5.273569
Durbin-Watson stat	1.988254			
Inverted AR Roots	.98			
Inverted MA Roots	.97			

图 8.32 GARCH(1,1)模型估计结果

Variable	Coefficient	Std. Error	z-Statistic	Prob.
C	1.001089	0.000607	1648.749	0.0000
AR(1)	0.988420	0.011008	89.79153	0.0000
MA(1)	-0.980526	0.014188	-69.11174	0.0000
Variance Equation				
C	3.05E-05	6.44E-06	4.726914	0.0000
RESID(-1)^2	0.031957	0.010247	3.118697	0.0018
RESID(-2)^2	0.057961	0.011352	5.105710	0.0000
RESID(-3)^2	0.051741	0.015137	3.418215	0.0006
RESID(-4)^2	0.068729	0.014196	4.841436	0.0000
RESID(-5)^2	0.052508	0.016116	3.258143	0.0011
RESID(-6)^2	0.065945	0.011340	5.815225	0.0000
RESID(-7)^2	0.055318	0.011766	4.701371	0.0000
GARCH(-1)	0.212186	0.031568	6.721462	0.0000
GARCH(-2)	-0.975395	0.036459	-26.75305	0.0000
GARCH(-3)	0.763954	0.047953	15.93146	0.0000
GARCH(-4)	-0.871666	0.053698	-16.23276	0.0000
GARCH(-5)	0.778060	0.046864	16.60235	0.0000
GARCH(-6)	-0.220944	0.037111	-5.953618	0.0000
GARCH(-7)	0.844662	0.032033	26.36889	0.0000
R-squared	0.005155	Mean dependent var		1.000627
Adjusted R-squared	0.004167	S.D. dependent var		0.018926
S.E. of regression	0.018886	Akaike info criterion		-5.284859
Sum squared resid	0.718007	Schwarz criterion		-5.234779
Log likelihood	5345.137	Hannan-Quinn criter.		-5.266478
Durbin-Watson stat	1.991524			
Inverted AR Roots	.99			
Inverted MA Roots	.98			

图 8.33 GARCH(7,7)模型

8.5.4 误差修正模型

误差修正模型(error correction model, ECM)将平稳时间序列分析和协整分析结合在一起,比传统的模型更为合理,预测误差更小。以下将以一阶单整序列为例进行阐述。

假设 y_t、x_t 为 $I(1)$ 序列,且 y_t、x_t 之间具有协整关系,θ、γ 为协整系数,则协整组合 $y_t - \gamma - \theta x_t$ 为平稳序列。基于一阶差分变量 Δy_t、Δx_t,可以建立如下模型:

$$\Delta y_t = \beta_0 + \beta_1 \Delta x_t + \beta_2 (y_{t-1} - \gamma - \theta x_{t-1}) + u_t \tag{8.23}$$

其中 u_t 为模型的误差项,$t = 1, 2, \cdots, T$。对模型(8.23)进行变形,得到

$$\Delta y_t = (\beta_0 - \beta_2 \gamma) + \beta_1 \Delta x_t + \beta_2 (y_{t-1} - \theta x_{t-1}) + u_t \tag{8.24}$$

令 $\beta_0 - \beta_2 \gamma = c$,模型(8.24)一般化为

$$\Delta y_t = c + \beta_1 \Delta x_t + \beta_2 (y_{t-1} - \theta x_{t-1}) + u_t \tag{8.25}$$

称模型(8.24)或模型(8.25)为误差修正模型,其中 $y_{t-1} - \theta x_{t-1}$ 为误差修正项,

β_2 为误差修正系数。误差修正模型将短期波动和长期均衡结合在一起,并对短期波动偏离长期均衡的状态进行修正。

对于模型(8.24),当误差修正系数 $\beta_2 < 0$ 时,误差修正项 $y_{t-1} - \theta x_{t-1}$ 将对 y_t 的预测值进行修正,使其趋向均衡状态:在不均衡状态下,如果 $t-1$ 期时 $y_{t-1} - \theta x_{t-1} < 0$,则在 t 期 y_t 的值将增加 $\beta_2(y_{t-1} - \theta x_{t-1})$;在 $t-1$ 期,如果 $y_{t-1} - \theta x_{t-1} > 0$,则在 t 期 y_t 的值将减少 $\beta_2(y_{t-1} - \theta x_{t-1})$。当达到均衡状态时,$y_{t-1} - \theta x_{t-1} = 0$,误差修正项 $y_{t-1} - \theta x_{t-1}$ 将不再产生作用。

对模型(8.24)进一步扩展,得到一般化的误差修正模型:

$$\Delta y_t = \beta_0 + \beta_1 \Delta x_t + \sum_{i=1}^{p} \gamma_i \Delta x_{t-i} + \sum_{i=1}^{q} \delta_i \Delta y_{t-i} + \sum_{i=1}^{m} \varphi_i (y_{t-i} - \theta x_{t-i}) + u_t \tag{8.26}$$

例 8.9 ECM 应用 以某国家 LRGDP(实际 GDP 的对数)与 LCONS(年度消费额的对数)为例。

经过单位根检验,发现 LRGDP、LCONS 都是一阶单整序列。以 LRGDP 为因变量、以 LCONS 为自变量建立模型

$$\text{LRGDP} = \beta_0 + \beta_1 \text{LCONS} + u \tag{8.27}$$

并进行 OLS 回归(为了简化过程,未对模型中存在的序列相关问题进行处理),结果如图 8.34 所示。

```
Dependent Variable: LRDP
Method: Least Squares
Date: 05/14/17   Time: 13:18
Sample: 1947Q1 1995Q1
Included observations: 193
```

Variable	Coefficient	Std. Error	t-Statistic	Prob.
C	1.117811	0.030985	36.07623	0.0000
LCONS	0.912033	0.004137	220.4812	0.0000

R-squared	0.996086	Mean dependent var	7.936220
Adjusted R-squared	0.996066	S.D. dependent var	0.425394
S.E. of regression	0.026682	Akaike info criterion	-4.399343
Sum squared resid	0.135979	Schwarz criterion	-4.365533
Log likelihood	426.5366	Hannan-Quinn criter.	-4.385651
F-statistic	48611.96	Durbin-Watson stat	0.099328
Prob(F-statistic)	0.000000		

图 8.34 模型(8.27)的 OLS 估计结果

以"genr r=resid"命令将回归残差记为 r 并保存在工作文件中。对 r 进行单位根检验,检验结果如图 8.35 所示。从图中可见,t 统计量的伴随概率 $p = 0.0207 < 0.05$,由此可知 r 为平稳序列。

```
Null Hypothesis: R has a unit root
Exogenous: Constant, Linear Trend
Lag Length: 2 (Automatic - based on SIC, maxlag=14)
```

		t-Statistic	Prob.*
Augmented Dickey-Fuller test statistic		-3.762666	0.0207
Test critical values:	1% level	-4.007084	
	5% level	-3.433651	
	10% level	-3.140697	

*MacKinnon (1996) one-sided p-values.

图 8.35　残差的平稳性检验

r 为平稳序列说明 LRGDP、LCONS 之间具有协整关系。

进一步做 Johansen 协整关系检验,确定两个变量之间协整关系的个数。Johansen 协整检验的步骤为:双击 LRGDP、LCONS 打开序列→单击 Cointegration Test/Johansen System Cointegration Test→弹出"Johansen Cointegration Test"对话框,软件默认的"Deterministic trend assumption of test"选项为"3)",在"Exog variables"框中填入"c",其他选项都选择软件的默认值,如图 8.36 所示→单击"确定"按钮,得到 Johansen 协整关系检验结果,如图 8.37 所示。

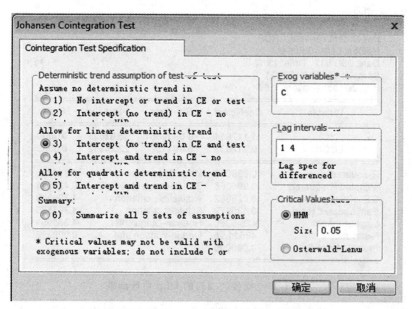

图 8.36　Johansen 协整关系检验对话框

由图 8.37 可知,假设"没有协整关系"不成立(伴随概率 $p=0.0433<0.05$),假设"最多只有一个协整关系"成立(伴随概率 $p=0.1103>0.05$),由此说明两个

```
Date: 05/14/17   Time: 13:56
Sample (adjusted): 1948Q2 1995Q1
Included observations: 188 after adjustments
Trend assumption: Linear deterministic trend
Series: LCONS LRGDP
Lags interval (in first differences): 1 to 4
```

Unrestricted Cointegration Rank Test (Trace)

Hypothesized No. of CE(s)	Eigenvalue	Trace Statistic	0.05 Critical Value	Prob.**
None *	0.068587	15.90835	15.49471	0.0433
At most 1	0.013475	2.550479	3.841466	0.1103

Trace test indicates 1 cointegrating eqn(s) at the 0.05 level
* denotes rejection of the hypothesis at the 0.05 level
**MacKinnon-Haug-Michelis (1999) p-values

图 8.37　Johansen 协整关系检验结果

变量之间只存在一个协整关系。由图 8.34 可知,唯一的一组协整系数为 1.118、0.912。

对序列 LRGDP、LCONS 建立 ECM 模型如下:

$$\Delta \text{LRGDP}_t = \beta_0 + \beta_1 \Delta \text{LCONS}_t + \beta_2 (\text{LRGDP}_{t-1} - 0.912 \text{LCONS}_{t-1}) + u_t \tag{8.28}$$

OLS 估计结果如图 8.38 所示。

```
Dependent Variable: D(LRGDP,1)
Method: Least Squares
Date: 05/14/17   Time: 13:34
Sample (adjusted): 1947Q2 1995Q1
Included observations: 192 after adjustments
```

Variable	Coefficient	Std. Error	t-Statistic	Prob.
C	0.077599	0.024636	3.149867	0.0019
D(LCONS,1)	0.731595	0.077694	9.416418	0.0000
LRGDP(-1)-0.912*LCONS(-1)	-0.067731	0.022039	-3.073288	0.0024

R-squared	0.337970	Mean dependent var	0.007732
Adjusted R-squared	0.330965	S.D. dependent var	0.009928
S.E. of regression	0.008121	Akaike info criterion	-6.773314
Sum squared resid	0.012464	Schwarz criterion	-6.722416
Log likelihood	653.2381	Hannan-Quinn criter.	-6.752700
F-statistic	48.24283	Durbin-Watson stat	1.746877
Prob(F-statistic)	0.000000		

图 8.38　ECM 模型估计结果

对图 8.38 的估计结果进行整理,得到最终的误差修正模型为

$$\Delta \text{LRGDP}_t = 0.078 + 0.732\Delta\text{LCONS}_t - 0.068(\text{LRGDP}_{t-1} - 0.912\text{LCONS}_{t-1}) + u_t$$
(8.29)

8.6 实验教程

实验1 时间序列基础

实验目的：了解时间序列的基本特征，会对时间序列进行滞后、差分运算，能检验时间序列的平稳性，能估计简单的时间序列模型并对序列相关问题进行处理。

实验仪器、工具、材料：计算机、EViews软件（3.0及以上版本）、数据集USMacro2（美国宏观经济序列季度数据）。数据来源：詹姆斯·H.斯托克，马克W.沃森.计量经济学[M].3版.沈根祥,孙燕,译.上海：格致出版社,2012.）。

实验学时及要求：1学时，将主要实验结果保存到Word文档中。

实验内容及步骤如下。

（1）观察数据集。表8.4列出了数据集USMacro2中的部分数据，数据的时间范围为1947年第一季度到1995年第四季度，数据样本数为196个。数据集中共包括CS(消费,单位:亿美元)、GDP(单位:亿美元)、GOV(政府支出,单位:亿美元)、INV(投资,单位:亿美元)、R(季度利率,单位:%)等变量。

表8.4 数据集USMacro2

	A	B	C	D	E	F
1	时间	CS	GDP	GOV	INV	R
2	1947Q1	784	1239.5	259.3872	43	0.38
3	1947Q2	796.8	1247.2	262.0892	42.3	0.38
4	1947Q3	796.0001	1255	264.3408	43	0.736667
5	1947Q4	795.7	1269.5	260.1077	49	0.906667
6	1948Q1	803.3	1284	265.1514	49.8	0.99
7	1948Q2	811.6	1295.7	277.13	51	1
8	1948Q3	814.5	1303.8	281.9035	51.4	1.05
9	1948Q4	822.6	1316.4	293.702	49.8	1.14
10	1949Q1	823.9	1305.3	301.4476	43.1	1.17
11	1949Q2	834.3	1302	315.0474	35.6	1.17
12	1949Q3	831.3	1312.6	318.1096	37.8	1.043333
13	1949Q4	836.2	1301.9	311.0845	34	1.076667
14	1950Q1	848.8	1350.9	305.5005	43.4	1.103333
15	1950Q2	865	1393.5	310.1839	48.6	1.153333
16	1950Q3	899.3	1445.2	303.5191	53.5	1.22
17	1950Q4	884.3	1484.5	322.4327	63.9	1.336667
18	1951Q1	899.8	1504.1	355.2164	60.4	1.366667
19	1951Q2	884.9	1548.3	405.1124	65.4	1.49
20	1951Q3	894.2	1585.4	451.2257	61.7	1.603333

(2) 在 EViews 软件中创建变量 CS 的滞后变量"CS(-1),CS(-2)",并比较它们与 CS 的差异。

(3) 对 CS、GDP 变量进行平稳性检验。

提示:利用单位根检验,最后确定对 CS、GDP 做几阶差分后才能变为平稳变量。

(4) 在 EViews 软件中创建变量 CS 的一阶、二阶差分变量"DCS,D2CS",并比较它们与 CS 的差异。

(4) 以 CS 为因变量、GDP 为自变量建立一元线性回归模型,并进行 OLS 估计,观察 OLS 估计结果。

提示:进入模型的变量应是平稳的,如果不平稳,应该对其进行差分或对数差分,使其变平稳。

(5) 观察(4)的估计结果,根据 DW 值来判断模型是否存在序列相关问题。如果存在序列相关问题,进行适当处理。

提示:利用 C-O 迭代法对序列相关性问题进行处理,具体方法见第 6 章。

(6) 在(4)的基础上,在数据集 USMacro2 中选择其他变量加入模型中,重复(4)~(5)。

(7) 对实验进行总结。

实验 2 AR 模型

实验目的:熟悉 AR 模型的建模方法,能用 AIC 标准确定模型中变量的滞后数。

实验仪器、工具、材料:计算机、EViews 软件(3.0 及以上版本)、数据集 USMacro1(美国宏观经济序列季度数据)。数据来源:詹姆斯·H. 斯托克,马克·W. 沃森. 计量经济学[M].3 版. 沈根祥,孙燕,译. 上海:格致出版社,2012。

实验学时及要求:1 学时,将主要实验结果保存到 Word 文档中。

实验内容及步骤如下。

(1) 观察数据集。部分数据见第 6 章表 6.2,数据集中共包括 RGDP(实际国内生产总值,单位:亿美元)、RATE(季度利率)2 个变量。数据的时间范围为 1947 年第一季度到 2004 年第四季度,样本数为 232 个。

(2) 令 $y_t = \ln(\text{RGDP}_t)$,利用软件生成一阶差分序列 Dy_t。

可以利用软件命令"genr dy=d(log(RGDP),1)"一步生成一阶差分序列 Dy_t,并命名为"dy"保存在工作文件中。

(3) 利用变量 Dy_t 建立 AR(1)模型并估计。

利用软件命令"equation eq01. ls dy c dy(-1)"、"equation ls. eq011 dy c AR(1)"分别对 AR(1)模型进行估计,以名称 eq01、eq011 将估计结果分别保存在工作

文件中。比较两种命令下的估计结果差异。

观察方程 eq01 的估计结果：拟合优度、系数估计及显著性、SC（Schwarz Criterion）、AIC（Akaike Info Criterion）。

(4) 利用变量 Dy_t，建立 AR(2) 模型并估计。

利用软件命令"equation eq02. ls dy c dy(−1) dy(−2)"对 AR(2) 模型进行估计，以名称"eq02"将估计结果保存在工作文件中。

观察方程 eq02 的估计结果：拟合优度、系数估计及显著性、SC（Schwarz criterion）、AIC（Akaike info criterion）。

比较 AR(1)、AR(2) 的估计结果，你认为 AR(2) 优于 AR(1) 吗？

(5) 利用变量 Dy_t，建立 AR(3)、AR(4) 模型并估计。

利用软件命令"equation eq03. ls dy c dy(−1) dy(−2) dy(−3)""equation eq04. ls dy c dy(−1) dy(−2) dy(−3) dy(−4)"分别对 AR(3)、AR(4) 模型进行估计，以名称"eq03""eq04"将估计结果保存在工作文件中。

观察方程 eq03、eq04 的估计结果：拟合优度、系数估计及显著性、SC（Schwarz criterion）、AIC（Akaike info criterion）。

(6) 基于 AR(1)～AR(4) 模型的估计结果分析模型的滞后阶数。利用 SC 可以确定 AR 模型的滞后阶数为多少，利用 AIC 可以确定 AR 模型的滞后阶数为多少。你认为最合适的滞后阶数为多少？

参考文献

CANKAOWENXIAN

[1] 迪米特里奥斯·阿斯特里奥,史蒂芬·霍尔.应用计量经济学[M].2版.陈诗一,译.北京:北京大学出版社,2016.
[2] 李子奈,潘文卿.计量经济学[M].4版.北京:高等教育出版社,2015.
[3] 秦雪征.应用计量经济学:Eviews 与 SAS 实例[M].北京:北京大学出版社,2016.
[4] 詹姆斯·H.斯托克,马克·W.沃森.计量经济学[M].3版.沈根祥,孙燕,译.上海:格致出版社,2012.
[5] 沈根祥.计量经济学[M].上海:格致出版社,2013.
[6] 罗伯特·S.平狄克,丹尼尔·L.鲁宾菲尔德.计量经济模型与经济预测[M].4版.钱小军,译.北京:机械工业出版社,1999.
[7] 童光荣,何耀.计量经济学实验教程[M].武汉:武汉大学出版社,2008.
[8] 杰弗里·M.伍德里奇.计量经济学导论[M].4版.费剑平,译.北京:中国人民大学出版社,2010.
[9] 张晓峒.应用数量经济学[M].北京:机械工业出版社,2009.

参考文献